瑞蘭國際

瑞蘭國際

瑞蘭國際

瑞蘭國際

東京，
慢慢熟。

作者序

說起東京，繁華時尚、風情萬種，是大家對東京的第一印象。

從小就看著日劇裡那些浪漫的場景，像是東京鐵塔、彩虹大橋、東京車站……，也因此對東京多了一些夢幻的想像。

剛開始來到東京旅行，總是像無頭蒼蠅般到處追著景點到處跑，雖然興奮，卻少了一點真實感。一直到後來有機會去日本演出，趁著表演行程的空檔，漫無目的地到處亂走，穿梭巷弄之間，意外發現了東京的另一種日常風景。

常常有人問起：「東京哪裡好玩呢？」、「東京必去的景點是什麼呢？」我總是會思索半天卻不知從何回答起，因為對我來說，東京彷彿是個逛也逛不完的遊樂園，每個車站、每個地區都發展出自己獨有的特色，讓人流連忘返。

我喜歡花很多時間在同一個地點走走晃晃，或許有人覺得這樣是浪費時間，有人覺得同一個景點為什麼要去這麼多次，那是因為在我的眼裡，這些巷弄裡藏匿著太多新鮮有趣的小祕密等著我去發現。所以在還沒完全參透這個城市之前，我還是會一去再去，畢竟東京啊，就是一個怎麼去也去不膩的城市呀。

東京，就像我一樣是個慢熟的人，需要多花點時間，才能走進心裡，接近心中的完美邂逅。於是我把心中的東京寫成書、譜成曲、唱成歌，與你一起在東京的日常風景裡，慢慢熟。

柴郡貓

Track 01.

走在東京的日常風景

詞曲：柴郡貓 Cheshire Cat

日日夜夜　心心念念　來到這條街
平行世界　遇見了　另一個自己

東京鐵塔的浪漫　下北澤世代的狂歡　青春正不斷倒帶
仙履奇緣的安排　妄想女子般的展開　蠢蠢欲動自然而然

一個人旅行　就漫無目的　泡在咖啡廳裡　幻想劇情
我走在東京的日常風景　邂逅所有平凡的事情
日日夜夜　心心念念　來到這條街
平行世界　遇見了　另一個自己

東京車站裡徘徊　走在吉祥寺的裝扮　生活正不斷精彩
朝五晚九的意外　交響情人般的夢幻　美麗人生自由自在
一個人旅行　多不可思議　逛著商店街　風和日麗
我走在東京的日常風景　邂逅所有平凡的事情　都是最美的風景

Index
目次

02 高圓寺
KOENJI

03 下北澤

SHIMOKITAZAWA

04 原宿、表參道

HARAJUKU、OMOTESANDO

05 神保町

JINBOCHO

06 上野、谷根千

UENO、YANESEN

07 清澄白河
KIYOSUMISHIRAKAWA

08 淺草、藏前
ASAKUSA、KURAMAE

09 特別篇｜入住質感設計旅店

10 特別篇｜走進美術館的童話世界

11 特別篇｜這一天，乘著電車去旅行

01

中目黑、代官山

NAKAMEGURO、DAIKANYAMA

華麗的外表下，有著深度人文氣息。優雅又時尚，漫步心目中最完美的浪漫之地。

中目黑車站

「中目黑站」與「代官山站」是東急東橫線上相鄰的兩站，附近還有「惠比壽站」與「自由之丘站」，這一區的氛圍優雅又時尚，不像「澀谷站」、「新宿站」的繁華喧囂，更多了一份舒適與自在的生活感。

讓我邂逅中目黑的原因，或許很多人跟我一樣，因為看了日劇《最完美的離婚》（最高の離婚），劇裡男女主角的日常生活中，帶著某些無奈地變化的美麗風景，其中唯一不變的，就是目黑川旁每年盛開的櫻花，讓人不禁想親眼看看這些溫柔而堅強的存在。於是就在旅程中專程安排了一整天在中目黑閒晃，一邊跟著主角的腳步穿梭劇中場景，一邊也實現了屬於我心中完美的浪漫之旅。

《最完美的離婚》日劇場景

而代官山對我而言，象徵著青春時代遙不可及的時尚指標。第一次走進代官山，是因為第一次踏上日本巡迴演出的旅程，來到位在代官山的Live House演出。那時正值聖誕節前夕，趁著彩排的空檔，自己一個人走上街細細感受，整條路上閃耀著夢幻的光彩，自己腦海想像的風景完整地呈現在眼前，讓我感動不已。之後來了幾次才發現，代官山的華麗外表下，其實有著深度人文氣息。除了高雅的名牌，巷弄之間更穿插著獨樹一格的風格小店，從書店、雜貨、咖啡廳、到藝廊，漫步其間，文藝氣息俯拾皆是。

喜歡這個區域的朋友，不妨可以利用東急電鐵推出的「Triangle Ticket」（三角區域一日券），只要４００日圓，就可以來回穿梭在東橫線的「澀谷站」到「自由之丘站」、田園城市線的「澀谷站」到「二子玉川站」、以及大井町線的「自由之丘站」到「二子玉川站」之間喔！盡情享受帶有時尚氛圍的文青漫步。

滿開的櫻花紛飛目黑川

時尚的代官山街頭

經典的代官山象徵

拍張文青氣息的寫真

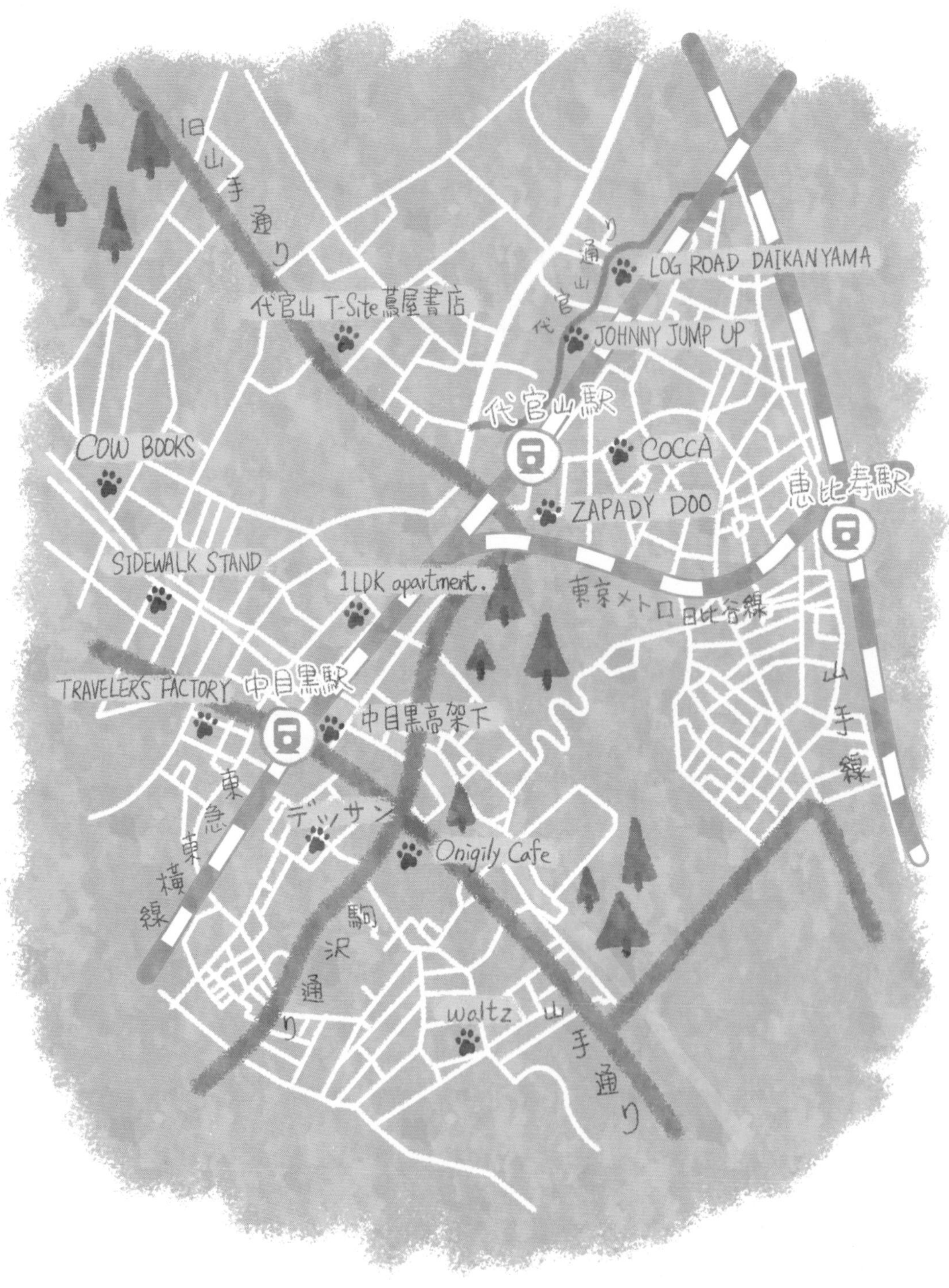
旧山手通り
代官山 T-Site 蔦屋書店
代官山通り
LOG ROAD DAIKANYAMA
JOHNNY JUMP UP
代官山駅
COW BOOKS
COCCA
ZAPADY DOO
恵比寿駅
SIDEWALK STAND
1LDK apartment.
東京メトロ日比谷線
TRAVELER'S FACTORY
中目黒駅
中目黒高架下
山手線
東急東横線
デッサン
Onigily Cafe
駒沢通り
waltz
山手通り

懂得品味生活
作家松浦彌太郎的「COW BOOKS」

「COW BOOKS」店外觀

大家對於「松浦彌太郎」一定不陌生，最為人所知的是出版了許多與品味、生活和工作態度有關的書籍，在台灣本本暢銷，更擔任過雜誌《生活手帖》總編輯及《Casa Brutus》的編輯顧問。位在目黑川旁的「COW BOOKS」正是他所經營的書店。這裡可不是一般的書店，在這裡販賣的都是「松浦彌太郎」精心選書，多是擁有文化意涵的絕版書或具有特殊價值的古董書、二手書。

店外擺放著一箱一箱的二手書提供翻閱，走進店裡隨手拿起的古董書籍，彷彿與時間交織成另一個故事展開，讓書迷們一不小心就跌進了另一個時空。店內更有許多「COW BOOKS」設計的文具商品，擺在中間的大桌子上，讓文青們可以坐下來點一杯咖啡，讀讀書、寫寫隨筆，享受「松浦彌太郎」為你準備的生活品味。

書店內空間

豐富的二手藏書

店內收藏

COW BOOKS　　東京都目黒区青葉台1-14-11

web　http://www.cowbooks.jp/

time　12：00 - 20：00（週一公休）　tel　03-5459-1747

各種豐富的文具用品

店家獨特的選物

宛如工廠的外觀

文具控的挖寶聖地

「TRAVELER'S FACTORY」

2006年成立的文具品牌「TRAVELER'S FACTORY」，最受大家喜愛的便是可以依照每個人的使用習慣與喜好，從書皮、內頁、貼紙、印章、吊飾等等，自行搭配設計，製作出一本專屬於自己的風格、獨一無二的筆記本，也就是大家口中的旅人筆記本（traveler's factory notebook，簡稱TN）。已經超過10年的店面，坐落在中目黑小巷的小巷中，需要費一些功夫才能找到的地點，卻一點也澆不熄文具控的熱情。

帶著異國氛圍的2層樓建築，舊舊的、老老的，就如同名字「TRAVELER'S FACTORY」，像是一個小小的工廠般，店內復古的裝潢與商品恰如其分地扮演著工廠裡的主角。1樓是販售區，除了筆記本周邊，你想得到的文具用品也應有盡有，更有販售店家選物的音樂、書籍、以及雜貨。2樓則是咖啡廳空間，可以在櫃檯點一杯咖啡，買張明信片，免費使用店內的各種旅行感的印章，寫下旅人的感動寄給自己。

TRAVELER'S FACTORY　東京都目黒区上目黒3-13-10

web http://www.travelers-factory.com/

time 12：00 - 20：00（週二公休）　tel 03-6412-7830

轉角遇見文青咖啡廳「SIDEWALK STAND」

三角窗的店面

走在中目黑散步，過一座橋、轉一個彎都有不同的風景等著你。位在目黑川旁的人氣咖啡廳「SIDEWALK STAND」，小小的三角窗店面簡樸又帶著一些異國氛氛，吸引旅人佇足。店內主要販售義式咖啡與三明治，還有種類豐富的精釀啤酒。咖啡依季節推出特別的限定口味，像是加入自家製柳橙果醬的「BITTER ORANGE AMERICANO」，或是秋冬限定口味，帶有烤栗子與巧克力香氣的「ROASTED CHESTNUT MOCHA」。

店內還有像小閣樓一般的2樓空間，儘管空間不大，卻能點了一杯咖啡，坐下來稍作休息，觀察著來往的路人們，有附近服飾店的店員、路過的外國旅客、帶著文藝氣息的潮大叔，想像著關於他們的生活故事，好像也挺有趣的。

SIDEWALK STAND
東京都目黒区青葉台1-23-14

web http://sidewalk.jp/
time 09：00 - 21：00（無休）
tel 無

1樓的吧檯空間

大片落地窗的店面

用繪本打造新世界

「デッサン」

稍微離開目黑川的周邊，走進中目黑的商店街裡，除了許多正忙著開店準備的餐廳，也有一些有趣的小店藏匿其中，一不小心就會錯過了，因為他們總是與世無爭地存在著，走到「デッサン」（dessin）的門口，讓我浮現了這樣的感覺。窗明几淨的落地窗，一眼便可窺見店內溫馨的氛圍，這裡是一家古書店，收集了從小朋友喜愛到大人取向的繪本與畫集、寫真集，還有70年代的雜誌等二手藏書。

1樓是書店空間，2樓則是展覽空間，2012年在東山區開幕的書店，在2017年4月遷移至此，希望透過繪本、照片，創造這個世界更多的可能性。走進店裡前剛好有日本媽媽推著嬰兒車走進店裡，「dessin」是親子友善店家，歡迎帶著小朋友前來，渡過快樂的閱讀時光。

店內空間簡潔明亮

デッサン（dessin）
東京都目黒区上目黒2-11-1

web http://dessinweb.jp/
time 12：00 - 20：00（週二公休）
tel 03-3710-2310

有如公寓的店面

日常生活的非日常提案

「1LDK apartments.」

日本文青熱愛的品牌

「1LDK apartments.」對面的1LDK店面

看到「1LDK apartments.」這個名字，還以為是什麼樣的公寓建築社區。1LDK通常用在日本房子的格局，像是1代表一個房間，L代表Living Room，D代表Dining，K代表Kitchen，而這裡的「1LDK apartment.」則是由男性服飾品牌1LDK所延伸出的生活風格選物店。整棟建築把設計隱身簡約之中，讓舊公寓散發出全新生活的氛圍。1樓的空間裡，包括了1間擁有50個家飾品牌的生活雜貨店「EditeD / Found STORE」、1間咖啡廳「Taste and Sense」，以及女性為主的服飾品牌「1LDK ME」等3個區塊，包含了食衣住行等各種生活面向。

最近也興起許多這類型的選物店，走進店裡最棒的是感受店家的品味與風格，服飾的穿搭是文青潮流的指標，雜貨的設計感受質感的日常作息，還有最重要的，從細微的差異之中感受日本文化中對生活堅持的態度。「1LDK」的足跡更遍及東京新宿、南青山、名古屋、札幌，更在國際時尚之都法國巴黎、韓國首爾開設據點，可說是最時尚的文青品牌也不為過。

1LDK apartments.　東京都目黒区上目黒1-7-13

web http://1ldkshop.com

time 12：00 - 20：00（無休）　tel 03-5728-7140

重回美好的錄音帶音樂世代

「waltz」

隱身住宅區的「waltz」

走到閑靜的住宅區裡，一個平凡的交叉路口，正用音樂上演著不平凡的音樂故事。「waltz」是一間二手唱片行，近年來因黑膠唱片熱潮發燒，許多專售黑膠的二手唱片行因而成為文青朝聖的熱門景點。「waltz」與眾不同的是除了二手黑膠唱片、雜誌，這裡還有非常少見的二手錄音帶與VHS錄影帶販售。30歲以上的人都曾經歷過錄音帶年代，捲著磁帶放進卡匣式的隨身聽，從A面到B面轉帶時發出喀嚓的聲音，那是多麼令人懷念的音樂美好年代。仔細逛著「waltz」的收藏們，你會很意外怎麼可以保存地如此完整，同時掉進回憶過去的美好時光。

店內還規劃試聽區，不管是黑膠唱片、錄影帶、錄音帶都

試聽區陳設各種古董器材

獨立樂團推出錄音帶

販售各種樂風的錄音帶

能在現場使用古董設備試聽。

店內更有販售復古的錄音機、卡帶隨身聽等等，每一台機器彷彿吟唱著屬於自己年代的歌曲。

除了古董、二手的錄音帶之外，「waltz」更販售許多獨立音樂的作品，而這些作品也都以復古錄音帶的形式製作，從歐美到日本，琳琅滿目，也讓人忍不住想著，錄音帶的音樂世代是不是要回歸了呢？

珍藏各式黑膠唱片

waltz
東京都目黒区中目黒4-15-5

web http://waltz-store.co.jp
time 13：00 - 20：00（週一公休）
tel 03-5734-1017

各種古董錄音機展售

把文青味捏進御飯糰裡

「Onigily Cafe」

清新田園風的店外觀

「Onigily Cafe」位在「中目黑站」人來人往的大馬路旁，店內寬敞明亮的空間搭配著文青咖啡廳必備的設計傢俱與藝術感的裝潢，不經意路過可能會以為是家普通的咖啡廳。但走到櫃檯你會發現展示櫃裡擺放的不是華麗的甜點蛋糕，而是一顆顆包著各種日式食材與配料的御飯糰。原來「Onigily Cafe」其實是在中目黑十分受到歡迎的飯糰咖啡廳，名字「Onigily」就是御飯糰的日文發音而來的。

印象中的飯糰都是出現在傳統的商店街裡，沒想到在這樣氣質的咖啡廳裡竟然能品嚐傳統日式朝食，真是讓人感動。店裡每天提供5～7種口味的飯糰新鮮現做，在店內享用可選擇「御飯糰朝食套餐」，任3種口味的御

滿滿的日式飯糰

點餐櫃檯

店內彷彿文青咖啡廳

飯糰，搭配早餐必備的味噌湯與１杯飲料，只要５００日圓，非常物超所值。許多客人都是上班途中來店裡外帶，或是買回家享用，從此也能感覺到飯糰在日本人心中不可或缺的地位。日本雖然沒有像台灣有便利的連鎖早餐店，卻總能找到十分有特色的日式朝食，從舌尖展開一場東京文青的小旅行。

可愛的飯糰招牌

Onigily Cafe
東京都目黒区中目黒3-1-4

web http://www.onigily.com/
time 08：00 - 16：00（無休）
tel 03-5708-5342

御飯糰朝食套餐

高架橋下的全新商圈

「中目黑高架下」

琳琅滿目的高架橋下

在2016年底開幕的「中目黑高架下」，是東急電鐵和東京Metro共同開發的鐵道路線商圈。平常對於高架橋下的印象，都是小吃店或是居酒屋，有點灰暗雜亂的感覺，然而「中目黑高架下」卻讓人耳目一新，規劃各種個性飾品店、時尚的咖啡廳、藝廊聚集，為高架橋下展現了潮流的一面。搭著電車來到「中目黑站」，一出站出現在眼前的就是文青最喜愛的「蔦屋書店」，一貫的T符號白牆交錯，透著大片玻璃窗，窺探店內風景，從咖啡廳、服飾店、書籍販售區，以區塊拼湊的空間設計，彷彿走進高架橋下的迷宮，尋找著文化與生活交織的片刻。

來到這裡不妨沿著鐵道高架橋慢慢地散步，偶爾電車進站，

「Artless Craft Tea & Coffee」

中目黑高架下
東京都目黑区上目黑一丁目、
二丁目、三丁目

web http://www.nakamegurokoukashita.jp/
time 依店家而異
tel 依店家而異

十分好逛的「蔦屋書店」

行駛的聲音與關門的鈴響成為背景配樂，探索橋上與橋下兩個世界有著什麼樣的交集。在設計公司artless的創意總監所設計的咖啡廳「Artless Craft Tea & Coffee」品味高格調的嚴選手沖咖啡，到以發酵為概念的生活風格商店「85」，挑選味噌、甜酒、或是醬菜搭配今天的晚餐。沿著鐵道旁撿拾的一景一物，是我最喜歡的日本風物詩。

「蔦屋書店」讓高架橋下亮了起來

健康取向的醃漬蔬果罐

名為「85」的生活選物商店

Fred Segal品牌

時尚潮店聚集

木質打造時尚街區

廢棄鐵道變身潮流街道

「LOG ROAD DAIKANYAMA」

在2015年開幕的「LOG ROAD DAIKANYAMA」，以複合式商業設施的新面貌讓廢棄鐵道大變身。之前本來是東急東橫線鐵路經過的地方，隨著鐵路地下化而變成廢棄鐵道，「LOG ROAD DAIKANYAMA」運用原先電車經過的兩條路線與狹長腹地，建造一條宛如都市叢林般充滿青草香氣的綠色步道。兩旁搭起5座木造倉庫風格的空間，分別開設第一次在日本展店的品牌「Fred Segal」、還有啤酒工廠的「SPRING VALLEY BREWERY TOKYO」，以及來自鎌倉的個性咖啡店「GARDEN HOUSE CRAFTS」。

以開放感、遠離塵囂的氛圍發想的「LOG ROAD DAIKANYAMA」，為本來就帶有獨特時尚氛圍的代官山街道，增添新的自然氣息，也成為假日人潮聚集的場所。不讓「代官山T-site蔦屋書店」專美於前，「LOG ROAD DAIKANYAMA」帶來了別有風味的自然之美，在綠色步道上隨意休憩都能感覺放鬆療癒，為代官山增添了一個非去不可的理由。

LOG ROAD DAIKANYAMA
東京都渋谷区代官山町13-1

web http://www.logroad-daikanyama.jp/
time 依店家而異

懷舊又復古的玩具雜貨店

「JOHNNY JUMP UP」

簡單小巧的店面

「代官山站」旁那小小的、不起眼的店面，裡面販售的是充滿童趣與回憶的玩具雜貨。「JOHNNY JUMP UP」店內看起來有點雜亂，卻依照玩具、飾品、文具等分類填滿了整個空間，彷彿打開自己童年的相本回憶般，每一個小雜貨都有著屬於他的故事，讓人忍不住拿在手裡欣賞把玩一番。老闆是個很喜歡老物件的中年男子，從外表看不出來竟是這家充滿童趣感的雜貨店主人。

走進店裡最吸引目光的就是各種圖案的俄羅斯娃娃，各種大小與款式好適合收藏當作旅程的紀念品。另外我非常喜歡的是各個年代的明信片，剛好這時候正有來自中國的留學生，與老闆聊著關於自己出生年分的明信片話題。就像這樣，在「JOHNNY JUMP UP」每個人都可以重回屬於自己的童年回憶，彷彿走進時光機，然後帶著滿臉的笑容離開。

JOHNNY JUMP UP
東京都渋谷区代官山町18-3 1F

web http://www.johnnyjumpup.net/
time 12：00 - 20：00（不定期公休）
tel 03-5458-1302

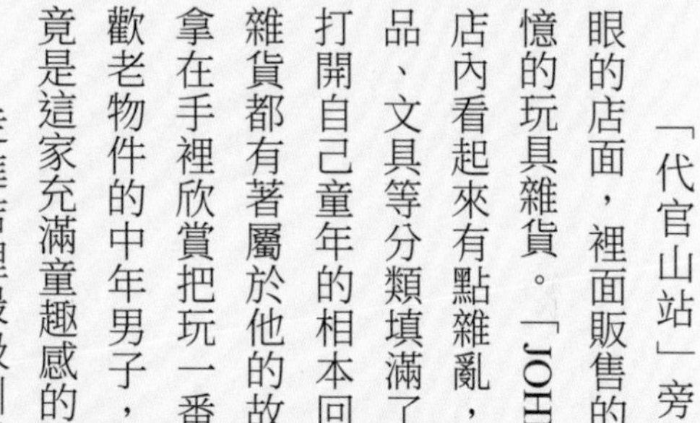

收藏著令人懷念的玩具

書、音樂、電影，打造最美風景

「代官山T-site蔦屋書店」

占地廣大的「代官山T-site蔦屋書店」

被紐約「flavorwire.com」選為全球最美20家書店之一的「代官山T-site蔦屋書店」，在2011年開幕以來一直是人氣居高不下的朝聖之地，延續「蔦屋書店」的概念，透過書、音樂、電影打造次世代的生活提案：「T-site」綜合型書店。

以「森林裡的圖書館」為發想，整個園區彷彿是一座結合各種文化、藝術、休閒的樂園，大寫字母T為設計的牆面貫穿3館，依照風格類型區分館別，1樓為書籍區，提供人文、文學、藝術、建築、車、料理、旅行等豐富的藏書。而在「Magazine Street」區，更擁有來自全球最新發售的雜誌，走在時代尖端；2樓則為音樂區、電影區及咖啡區，音樂從爵士、古典、到搖滾應有盡有，最棒的是可以選擇喜愛的專輯到試聽區聆聽，點一杯咖啡享受被音樂充滿的午後。因「蔦屋書店」由租借服務起家，因此店內還有一大特色是除了販售之外，CD與DVD都有提供租借服務，十分貼心。

除此之外，園區內更有相機周邊專門販售店「北村寫真機店」、知名餐廳「Ivy Place」等等，更有展覽空間提供舉辦活動，每次來到「代官山T-site蔦屋書店」都能享受舒適又豐富的休閒時光。

字母T交織白色牆面

「代官山T-site蔦屋書店」的必拍景點

人氣餐廳「Ivy Place」

代官山T-site蔦屋書店
東京都渋谷区猿楽町17-5

web http://real.tsite.jp/daikanyama/
time 1F 07：00 - 26：00（無休）
2F 09：00 - 26：00（無休）
tel 03-3770-2525

相機迷必逛的「北村寫真機店」

精緻的織品令人愛不釋手

各種可愛的編織商品

異國氛圍的店外觀

隱身祕密花園的織品雜貨

「COCCA」

「COCCA」白色的建築彷彿坐落在法國小鎮般，外面的小花園神祕地圍繞著，原本還以為是哪戶私人豪宅，直到發現了牆上的縫紉機招牌，才確認自己沒有走錯。「COCCA」是一家專賣傢俱、居家雜貨、服飾、及店家設計獨特布款的織品雜貨店。更是曾在日劇《失戀巧克力職人》（失恋ショコラティエ）中出現的知名場景，好不浪漫。

走進店裡就可以看到以針線與布料作為裝飾，店內寬敞舒適，每一處都像是展示藝術品般擺放著各式織品雜貨。自製設計布款超過２００種以上十分有名，如果時間充裕，還可以訂製一條自己專屬圍巾。另外，「COCCA」的雨傘也讓人愛不釋手，將繽紛的色塊、手繪等元素融入設計中，每一把雨傘都有獨特的個性。還有親子服、足球手提包等等，都非常具有特色。喜歡手作服飾的朋友，一定會喜歡這裡清新又氣質的風格。

COCCA　東京都渋谷区恵比寿西1-31-13

web　http://www.cocca.ne.jp/

time　11：00 - 19：00（週一公休）　tel　03-3463-7681

從雜貨尋找生活中的靈感

「ZAPADY - DOO」

充滿復古味的店外觀

戶外休閒風格的家飾品

可以細細挖寶的好地方

在代官山的巷弄之間隱藏了許多各具獨特風格的雜貨店，喜歡家飾品與雜貨的朋友，不妨多花一點時間到處逛逛，一定會有很多意外的驚喜喔！「ZAPADY-DOO」是雜貨界的老字號，在１９８８年創立，以打造日常生活中讓人心情愉悅的商品為信念，引進世界各國充滿懷舊復古味道的雜貨，從傢俱、廚房用品到生活用品，種類豐富。

位在「代官山站」的「駒澤通」旁，遠遠就能看到擺在店外充滿生活感的戶外休閒雜貨，吸引我走進店裡，挖掘更多有趣的寶藏。「ZAPADY-DOO」的風格既多元又豐富，有別於女孩風的雜貨，這裡的風格偏向中性及戶外休閒風格，有各種可愛又有設計感的廚具用品，也有文青質感生活雜貨，還有室內裝潢的工具也能選購呢！

如果你是Outdoor系的潮文青，千萬別錯過來「ZAPADY-DOO」添購實用又帥氣的配備。

ZAPADY - DOO
東京都渋谷区恵比寿西1-33-15 EN代官山1F

web http://www.dulton.co.jp/

time 11：00 - 20：00（無休）

tel 03-5458-4050

02

高圓寺

KOENJI

用純情的姿態，散發宜人的生活氛圍。古著的老靈魂與年輕人交織成新的一頁日常。

「高圓寺站」位在ＪＲ中央本線上，與熱鬧不夜城的「新宿站」和最適合居住的「吉祥寺站」，都在同一條線上，相距也都只有三四站的距離，地理位置與生活機能非常便利，成為現在日本獨居的年輕人最喜愛的居住地區。走出車站，就可以感覺到溫馨的生活感帶著獨特的悠閒氣氛，幾條商店街在車站前交會，不是那種為了發展觀光而刻意打造的門面，而是隨著生活習慣自然而然發展成的樣子，讓人感覺舒服自在。

「高圓寺站」也被稱為中央本線「三寺」之一，指的分別是「高圓寺」、「吉祥寺」以及「國分寺」。在１９７０～１９８０年代，中央本線正蓬勃發展，而上述的「三寺」除了名

最近很有人氣的「純情商店街」

稱都有「寺」之外，另一個共通點就是次文化的魅力也正從這些區域發展起來，街道上有著許多酒吧、咖啡店、音樂展演空間、二手唱片行、古著店等，可說是引領文青風潮的起點也不為過。

這樣的文青熱潮現在仍然持續著，除了有一條與小說同名的「高圓寺純情商店街」染上了一點文學氣息之外，文青取向的古著店、咖啡廳、雜貨店、音樂展演空間等，每家店都充滿了自我風格，深深吸引著大家。特別是古著店，如果你以為古著店就是販售著大同小異的二手服飾的話，那可就大錯特錯了。

逛著高圓寺的古著，你會驚訝於原來每個店家都有自己的品牌取向與單品特色，讓人忍不住一家逛過一家挖寶，期待邂逅符合自己個性的美麗。

柴郡貓為大家整理了高圓寺的商店街逛街指南，一起走進熱愛古著與音樂的文青非去不可的特色店家吧！

小巷街景很迷人

每家店都充滿驚喜

低調卻充滿生活感的城市

走進每家店都能發現寶藏

我最喜愛的古著穿搭

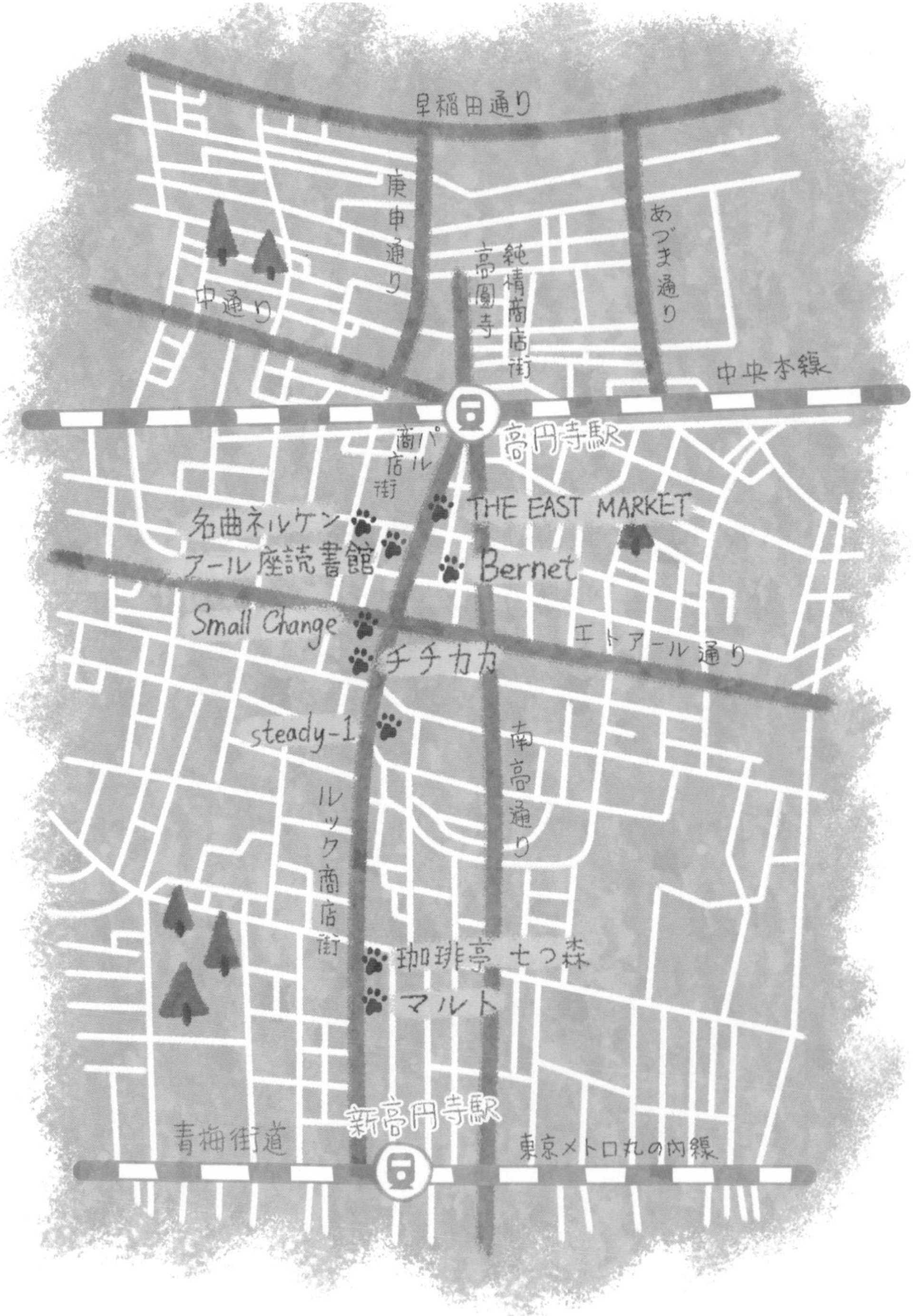
早稲田通り
庚申通り
あづま通り
純情商店街
高圓寺
中通り
中央本線
高円寺駅
パル商店街
THE EAST MARKET
名曲ネルケン
アール座読書館
Bernet
Small Change
エトアール通り
チチカカ
steady-1
南高通り
ルック商店街
珈琲亭 七つ森
マルト
新高円寺駅
青梅街道
東京メトロ丸の内線

小說裡上演的場景

「高圓寺純情商店街」

登上小說標題的「高圓寺純情商店街」

充滿復古感的拱門寫著大大的「高圓寺純情商店街」成為來到高圓寺必拍的場景之一，不知道來龍去脈，可能會以為這條街是不是有什麼不可告人的祕密！原來是因為在1989年小說家「禰寢正一」著作以高圓寺為背景舞台、名為「高圓寺純情商店街」的小說獲得了日本第101屆直木賞，因此藉著這個名義，就乾脆直接把本來的商店街更名為「高圓寺純情商店街」，吸引許多書迷前來探索商店街裡的故事。

「高圓寺純情商店街」位在「高圓寺站」的北邊一帶，這裡以平價餐廳、藥妝店、雜貨店為主，有販賣二手古董傢俱的「古道具權ノ助」（古道具權之助），也有傳來麻油香的天婦羅老店「天すけ」（天助），能感受到時間所留下的印記的老店，都是在地居民生活起居的好鄰居。

高圓寺純情商店街
東京都杉並区高円寺
JR中央線高円寺駅北口

web http://www.kouenji.or.jp/
time 依店家而異
tel 依店家而異

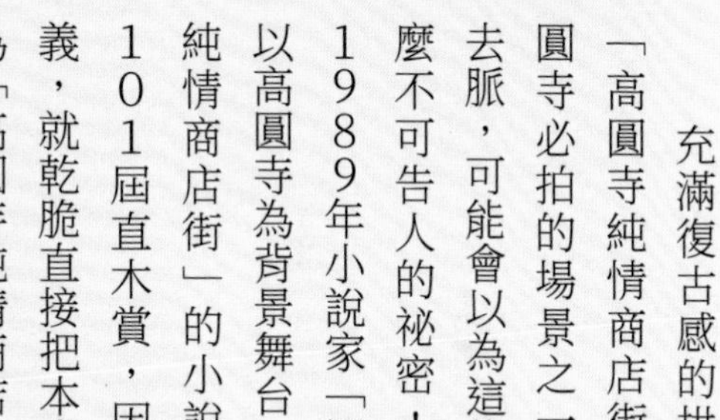

老物專賣店「古道具權之助」

高圓寺南口古著挖寶趣

「ルック商店街」與「パル商店街」

連接「pal商店街」的「Look商店街」

純情商店街的反方向，也就是「高圓寺站」的南口，穿過了鐵道橋，就來到「パル商店街」（pal商店街）的起點。之後延續著「ルック商店街」（Look商店街），可以一路貫穿到「新高圓寺站」。

這裡可以說是高圓寺古著店最密集也最精華的商店街，除了主要街道，隨意轉進旁邊的小巷更是別有洞天，充滿特色的古著小店與雜貨鋪，走進每一家店都像推開一個童話故事的大門，裡面販售著各種時代的美麗，讓人目不轉睛。

兩條串聯的商店街雖然才約不到1公里，但加上附近的小巷弄，店家數量十分驚人，有連鎖的古著服飾店，也有老闆手作改造的個性小店；有森林風的雜貨飾品店，也有質感男裝古著店，滿足所有類型的旅人。前來古著店挖寶的文青朋友，最好把一天的時間都耗在這裡，享受沒有時間壓力的購物挖寶樂趣。

每家古著店都不能錯過

愜意好逛的商店街

十分能感受在地日常生活

パル商店街（pal商店街）
東京都杉並区高円寺
JR中央線高円寺駅南口

web http://www.koenji-pal.jp/
time 依店家而異

ルック商店街（Look商店街）
東京都杉並区高円寺
JR中央線高円寺駅南口

web http://koenjilook.com/modules/xeblog/
time 依店家而異

具有大正浪漫風格的店內裝潢

自家製咖哩飯

日式風格的店外觀

發現宮澤賢治的祕密

「珈琲亭 七つ森」

如果你是童話詩人「宮澤賢治」的書迷，相信你對「七つ森」這個地名應該不陌生，它曾出現在幾部作品裡，也是「宮澤賢治」在他的故鄉盛岡最喜歡的地方。而位在高圓寺「Look商店街」上的「珈琲亭 七つ森」（珈琲亭 七森），也因為店主十分喜歡「宮澤賢治」的作品，而將自己經營的店打造成如「宮澤賢治」的童話故事般的復古咖啡廳。

店招牌以最常出現在故事裡的貓頭鷹為形象，仔細觀察店裡擺飾，你會發現天花板的星星裝飾、不成比例的刀叉擺飾、古道具的天秤與舊式電話，到處充滿「宮澤賢治」年代的懷舊感，也彷彿是童話故事裡的場景設定。店裡販售的餐點以家庭料理為主，也有手作甜點、咖啡、紅茶。來到這樣有故事的店，一定要點他們的每日特餐，從特餐就能品嚐屬於店家最獨特的品味。這天的特餐是自家製咖哩飯，搭配手作香蕉蛋糕，想像自己正擔任著哪個故事的主角，吃下滿腹的懷舊口味。

珈琲亭 七つ森（珈琲亭 七森）
東京都杉並区高円寺南2-20-20

web http://koenjilook.com/modules/shop0/index.php?id=124
time 10：30 - 24：00（無休）　tel 03-3318-1393

日本民俗風引領潮流

「チチカカ」

商品豐富的店外擺設

「チチカカ」（Chichikaka）可以說是日本民族風服飾的領導品牌，在全日本各地設有超過50間的分店，喜歡日本森林系以及民族風穿搭的朋友對這個品牌一定不陌生。以中南美洲布料、工藝結合日本設計風靡女孩們的心，高圓寺的分店位在「pal商店街」的尾端、銜接「Look商店街」的地方，也是柴郡貓來到高圓寺非逛不可的店家。

除了服飾、鞋包、帽子飾品，也有各種可愛家居雜貨，繽紛花樣的家飾、寢具、廚具，讓追求日系民族感的朋友們無法招架。另外也有戶外風格系列的商品，讓喜愛參加戶外音樂祭或露營活動的朋友，也能穿搭出滿滿的可愛民族風格，深受戶外風格女孩的歡迎。每季也會推出不同的設計商品，成為大家搶購的目標。

チチカカ（Chichikaka）
東京都杉並区高円寺南3-45-17
伊藤ビル1F

web http://www.titicaca.jp
time 平日12：00 - 21：00
假日11：00 - 21：00
tel 03-3317-5276

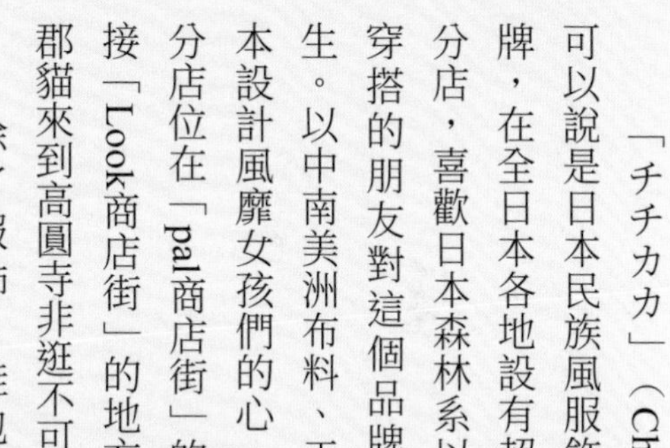

森林系女孩的穿搭路線

位在2樓的隱祕空間

躲進樹洞中的失語圖書館

「アール座読書館」

位在「pal商店街」旁的小巷裡，看起來平凡無奇的公寓，從外表看不出一點端倪，抬頭只看見「アール座読書館」（R座讀書館）的小小招牌，小心翼翼地掂著腳走上階梯，打開厚厚的門，瞬間彷彿走進了樹洞裡。在房間裡充滿了各種植物，綠意盎然，每一個座位都像隱身於叢林之中，有的是像老圖書館裡的書桌，有的是矮沙發圍成的祕密基地。這裡是一家禁止說話的咖啡館，店內提供一些閱讀書籍還有飲品點心，以及彷彿置身在夢幻童話裡的讀書座位。

選了靠窗的位置坐下，這裡的時間好像走得很隨性，陽光灑下的光速也慵懶起來，缸裡魚群彼此追逐，吐著泡泡嚷嚷的聲音彷彿也能被聽見。打開座位的

店內藏書也不少

彷彿身處叢林的圖書館

打開抽屜發現意外驚喜

抽屜，備有留言本與各種文具用品，等著旅人用文字留下屬於你的故事。另一個抽屜打開，則是一片湛藍海岸，瞬間好像又進入了另一個奇幻空間。在「R座讀書館」沒有聲音，我們靠著空氣與文字傳遞彼此的心意。有時旅程需要一點空白，讓感動進來。

點一杯拿鐵享受一個人的時光

アール座読書館（R座讀書館）
東京都杉並区高円寺南3-57-6 2F

web http://r-books.jugem.jp/
time 週二～五13：30 - 22：30（週一公休）
週六、日12：00 - 22：30
tel 03-3312-7941

個人座位十分浪漫

有如走進文藝復興時期的場景

充滿音樂隨著時間流動的痕跡

十分低調的外觀

穿越時空名曲喫茶店

「名曲ネルケン」

名曲喫茶店（日本早期稱咖啡廳為喫茶店）起源於黑膠唱片剛傳入的30年代，而後在60年代學運興盛時備受知識分子喜愛，名曲喫茶店最大的特點是店內專門播放古典樂或爵士樂的黑膠唱片，並禁止所有非必要的交談，讓所有客人專注品味好音樂與好咖啡，可說是當時文青的聚集地。現在還存在的「名曲喫茶店」都已經營業超過50、60年，隨著黑膠唱片再次復甦，現代的文青們也熱衷於前往這些名曲喫茶店，體驗當年老文青們的音樂文化。

「名曲ネルケン」（名曲NELKEN）在1955年由熱愛古典樂的鈴木女士創立，店裡的陳列與器皿都是她的品味收藏，每處細節都散發著古歐洲風格的迷人氣息，是經營超過60個年頭的經典名曲喫茶店。店內外帶著昭和氣息，用暗紅色的絨布與深色木頭打造出低調奢華感，而裝飾著油畫與雕像，亦充滿藝術感。每個座位也稍微做出間隔，讓來到店裡的人們可以擁有自己的空間。沈穩流動的黑膠旋律，與杯裡的咖啡交融，韻味十足，彷彿重現村上春樹的小說世界。

名曲ネルケン（名曲NELKEN）
東京都杉並区高円寺南3-56-7

time 11：00 - 22：00（無休）　tel 03-3311-2637

獨一無二的手作古著
「steady-1」

風格特殊的古著店

店外的華麗古著吸引路人的目光

古著改造的包包獨一無二

走在高圓寺的商店街，古著店五花八門，各種風格特色的店家林立，位在「Look商店街」的「steady-1」主要以手作及改造古著服飾為主，可說是非常獨樹一格，是在地經營超過10年的老牌古著店。店外擺放著一些非常有味道的古著，搭配店內以木造為主的田園風格，馬上吸引了我的目光。逛古著店最大的樂趣就是從滿滿的展示架上，眼光精準地挖掘出適合自己的服飾配件，有時候也會不小心發現很多有趣的古物，充滿了各種驚喜。

剛走進「steady-1」時，覺得服飾好像沒有想像中得多，逛了一圈才發現其實包包、鞋子、配件等種類非常豐富才是它的主打特色，是需要花時間慢慢看、用手慢慢翻的店家。最大的驚喜就是好多從古著改造的包包，每一件都是獨一無二，找不到第二個相同的物件。光是包包就讓人眼花繚亂，有拼接不同材質的側背包，也有古著牛仔褲改造的牛仔布後背包，每樣商品都將老靈魂付與了新的樣貌，對於喜歡獨特有創意穿搭的古著文青們，柴郡貓推薦你們一定要來逛逛。

steady-1　東京都杉並区高円寺南2-48-6

web　http://steady1koenji.wixsite.com/seady-1

time　12：00 - 20：00（週一公休）　tel　03-3312-8663

70年代華麗的歐美古著

「Small Change」

歐風的華麗古著

主要是販售50～70年代的歐美古著服飾連鎖店，除了東京的高圓寺及下北澤，更在京都、福岡、名古屋各地開設分店。店內裝潢帶著歐洲復古而華麗的風格，1樓為男裝區，帶有搖滾與現代感的風格，不管是必備的T恤、襯衫、牛仔褲，還是搭配性的背心、外套、配件，種類數量都十分豐富，喜歡古著服飾的男生們，絕對不能錯過。

2樓則是女裝的部分，走上樓梯可以看到彷彿中古歐洲時期的蓬蓬裙與華麗的燈飾裝飾，彷彿走進時光隧道，來到《大享小傳》故事裡華麗的黃金年代，從洋裝、毛衣、絲巾、帽子、飾品等都帶有歐風情懷。有別於其他古著店較日系風格的服飾，「Small Change」多走造型感的搶眼風格，只要擁有一件重點單品，就能夠輕鬆穿搭出復古又時尚的古著造型。

1樓販售的是男生古著

《大享小傳》的華麗歐風感

滿滿的古著服飾

Small Change　東京都杉並区高円寺南3-45-16 1、2F

web http://www.smallchange.jp/

time 12：00 - 22：00（無休）　tel 050-3803-2224

清新質感風格雜貨

「THE EAST MARKET」

清新田園風格的店外觀

位在離「高圓寺站」走不到5分鐘的「pal商店街」上，遠遠就能看到轉角處有一間帶著溫暖黃色系的清新風格雜貨店。本來是以1930年代上海風格雜貨為主的「THE EAST MARKET」，後來逐漸轉型成自然清新風格的雜貨選物店。店外擺放的是居家園藝相關的雜貨，彷彿店門口就是一個小小花園。

店內的雜貨更是豐富，從田園風格的穿搭服飾開始，每一樣商品都能感受到小清新的氣質。有可愛的手作感帆布背袋，也有印有各種花樣圖騰的桌布，還有氣質風格的耳環項鍊飾品，女生味十足。想要在日常生活當中增添自然田園風格，可以來這裡挖寶喔！除了高圓寺，另外還有另一間分店位在同樣充滿生活舒適感的「吉祥寺站」，「THE EAST MARKET」可說是日本田園風文青日常生活中不可或缺的雜貨店。

THE EAST MARKET
東京都杉並区高円寺南4-25-2

web http://www.the-east-market.com/
time 11：00 - 21：00（無休）
tel 03-5306-4636

販售雜貨琳瑯滿目

2樓空間雖小，服飾卻令人驚豔

日本女星愛用服飾

低調的店外觀令人十分好奇

日本藝人著用大人氣古著

「Bernet」

位在高圓寺「pal商店街」旁的小巷裡，雖然不像主要商店街上的古著店醒目，但卻獨樹一格地占據了寧靜的街角，低調簡樸的店面，小小的招牌旁擺飾著一套古著，帶著一些神祕感讓人忍不住想鑽進小小的店門一探究竟。店內空間比想像中得大，「Bernet」以高質感洋裝為主，木質設計的裝潢概念，感覺好像來到了隱藏在城市中的祕密基地，裡面裝載著氣質獨特的質感古著。

別小看這家古著店，它可是日劇及電視節目、雜誌媒體上，許多當紅藝人喜愛的店家呢！像是十分有人氣的日劇《對不起，青春！》（ごめんね、青春！）與《校稿女王》（地味にスゴイ！）裡都有出現它們家的服飾，更是人氣女優「高畑充希」喜愛的店，她的很多作品都能看到來自「Bernet」的穿搭。穿過狹窄的樓梯來到2樓，彷彿閣樓般的空間，包包、外套、毛衣、洋裝應有盡有，休閒又帶著個性的風格，只要一件單品就能穿出時尚潮流，難怪深受日本媒體喜愛。

Bernet
東京都杉並区高円寺南4-24-11　宝山ビル101

web　http://ber-net.jp/

time　12：00 - 20：00（無休）　tel　03-6304-9200

童話世界般的雜貨店

「マルト」

帶著夢幻氣息的雜貨店

店內雜貨種類豐富

餐具雜貨最近十分流行

童趣的商品十分有趣

「マルト」（malto）位在靠近「新高圓寺站」的「Look商店街」上，收集世界各地的古董及雜貨，希望能將古董雜貨帶進日常生活之中，自然而然地充滿復古氛圍。店內販售的雜貨種類豐富，有居家裝飾、生活用品等等，也有一些充滿趣味的小玩具，擺放在家中就能多了一點童話氣息。

最特別的是，店內還有販售許多零件類的古董雜貨，像是帶有歐風的陶瓷喇叭鎖、雕花門把、五金零件等等，喜歡ＤＩＹ改造生活空間的朋友，就能選擇自己喜歡的搭配，把家裡變身成獨一無二的裝潢風格。除了裝飾品、雜貨選物之外，也有一些古董傢俱，每次逛起這樣的店，都恨不得在日本定居，好好打造屬於自己的童話日常。

マルト（malto）　東京都杉並区高円寺南2-20-17

web http://www.salhouse.com

time 11：00 - 20：00（無休）　tel 03-3318-7711

03

下北澤

SHIMOKITAZAWA

孕育日本年輕世代文化的祕密基地，音樂、劇場、古著、雜貨缺一不可。

古著可說是下北澤的代名詞

大家一定對下北澤這個地方不陌生，「下北澤站」位在小田原小田急線及京王井之頭線上，聚集了古著、雜貨、音樂展演空間及數個劇場，可說是最能代表文藝青年潮流指標的區域。不僅是有最為人熟知的古著店，從１９７０年代開始，下北澤以爵士樂為中心開始發展，現在已經成為許多具有風格特色的LIVE HOUSE的大本營，也有許多二手唱片行與黑膠唱片行，吸引許多樂迷前來朝聖與挖寶。日本知名作者「吉本芭娜娜」更有以這裡為名的小說《喂！喂！下北澤》（もしもし下北沢）寫出下北澤特有的人文風情。

柴郡貓對下北澤始終帶有一點特殊的情感，因為第一次來到東京，最嚮往的就是來到下北澤感受日本文青最愛的氛圍，結果在無止盡的迷路下留下了好多遺憾。

而再次來到下北澤竟然是柴郡貓首次登陸日本的巡迴演出，成為下北澤商店街裡流竄的背景音樂。後來也時常來到這裡，逛街、練團、演出，一開始的遺憾已經變成日常生活的風景，實在是不可思議。

下北澤主要分為北區和南區，相隔不遠卻類型層次分明，北區多是古著與音樂相關的店，而南區則以劇場及文青咖啡廳為特色，現在就讓我們一起走進東京文藝青年的日常之中，感受屬於下北澤年輕世代的氣息。

年輕人最喜愛的逛街聖地

「本多劇場」時常大排長龍

在「440」演出的柴郡貓穿著一身古著融入氛圍

充滿懷舊古物的商店

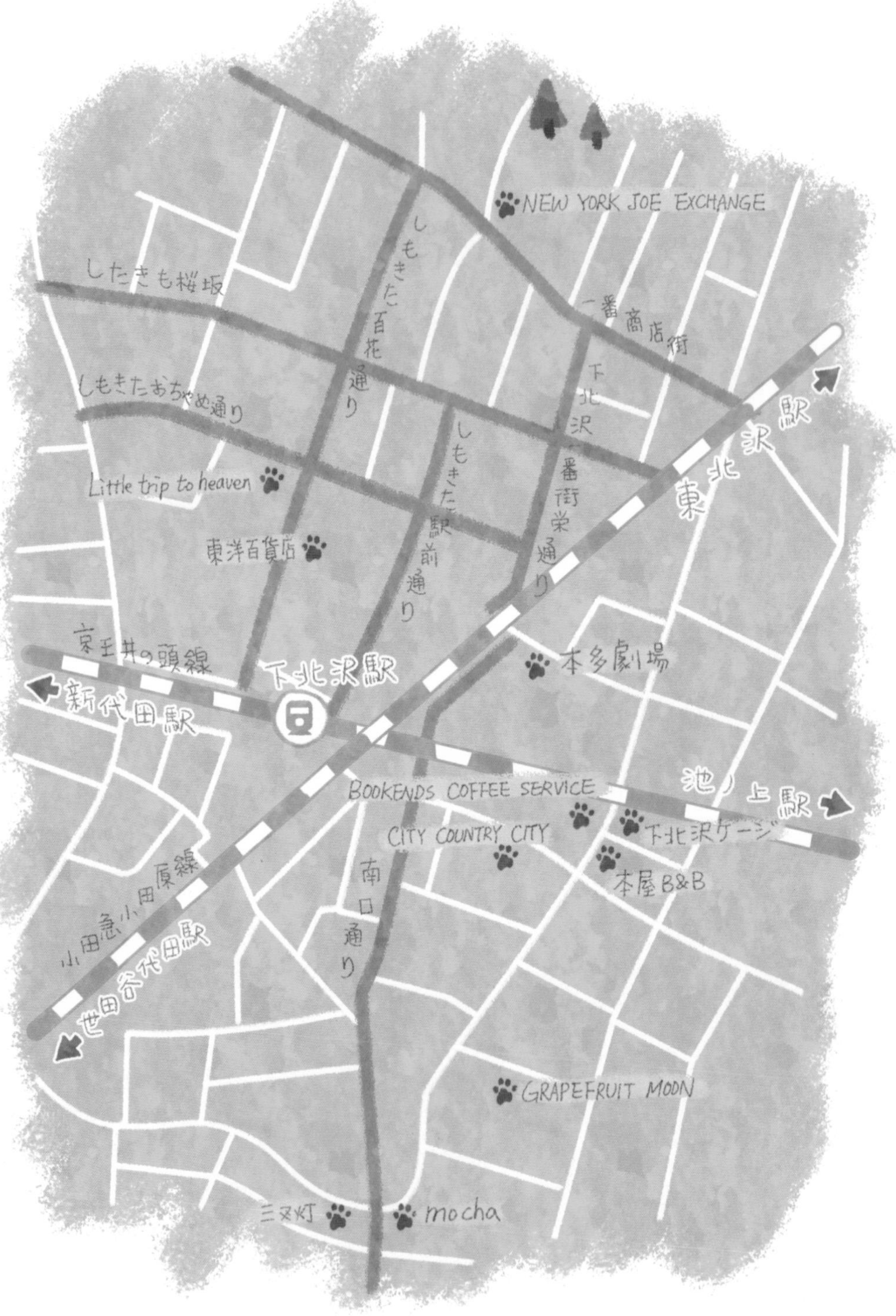
NEW YORK JOE EXCHANGE
しもきた百花通り
したきも桜坂
一番商店街
しもきたおちゃめ通り
下北沢一番街栄通り
Little trip to heaven
しもきた駅前通り
東北沢駅
東洋百貨店
京王井の頭線
下北沢駅
本多劇場
新代田駅
BOOKENDS COFFEE SERVICE
池ノ上駅
下北沢ケージ
CITY COUNTRY CITY
本屋B&B
小田急小田原線
南口通り
世田谷代田駅
GRAPEFRUIT MOON
三叉灯
mocha

潮流男女古著全面收藏

「GRAPEFRUIT MOON」

知名連鎖古著店外觀

搭配性風格特色兼具

耳環飾品是一大重點

位在「下北澤站」南口的「GRAPEFRUIT MOON」，是在日本有超過10家分店的大型連鎖古著專賣店，不管是男生或女生的古著，都提供品質良好且種類豐富的選擇，可以說是喜愛古著穿搭的文青們必逛的專賣店。

店面以復古鄉村風的裝潢，引領大家進入古著的美好年代。主要以60～80年代美國服飾風格為主，從牛仔褲、牛仔外套、各種鮮豔花紋的襯衫就可窺知一二。

女生的古著服飾除了必備的洋裝、華麗又展現復古元素的外套，還有又大又閃亮的耳環配件，都是60～80年代的經典穿搭，喜歡迪斯可風格或是鄉村民謠氛圍的話，不妨可以來到「GRAPEFRUIT MOON」挖寶。

柴郡貓現在已經養成只要經過「GRAPEFRUIT MOON」就要進去尋寶的習慣，也因此衣櫥裡已經擁有許多來自這裡的收藏呢！

GRAPEFRUIT MOON　東京都世田谷区北沢2-2-11

web　http://grapefruitmoon.jp/

time　12：00 - 21：30（無休）　tel　050-3803-2228

深受年輕女孩歡迎的人氣店家

從穿搭尋找新的自己

「mocha」

每每從南口商店街一路逛過來，都忍不住被這家可愛的店給吸引，而店裡總是充滿著可愛又有主見的女孩們。在高圓寺與下北澤各擁有分店的「mocha」，以可愛又帶有個性、簡樸又不失自我的服飾風格深受女孩們的喜愛。除了有古著，更有店家獨家設計的服飾，風格鮮明。

讓人驚喜的是店內古著價位平價之餘，連許多具有設計感的洋裝或是包包、鞋子等配件的CP值都非常高，記得有一次在日本演出時就直接在店裡選購表演服，獨一無二的風格配合每個人的穿搭，完全可以展現自己的個性，對於文青女孩來說是再適合也不過的推薦選店喔！

從新品到古著風格都有

復古好搭配的配件

高圓寺店內的擺設

mocha　東京都世田谷区北沢2-1-7

web　http://www.instagram.com/mocha555mocha/

time　11：00 - 20：00（無休）　tel　03-5779-8233

下北澤必逛古著集散地

「東洋百貨店」

最能代表下北澤的古著店

位在「下北澤站」北口約5分鐘距離的「東洋百貨店」，可說是下北澤最經典的必逛行程。它像是嬉皮年代的百貨公司，在大樓的1樓裝滿著各種可能的古著元素，它不是一家店，而像是百貨公司般進駐超過20家特色小店，是一處集合各種二手服飾、個性小物、包包、展覽等等的複合空間。

外頭畫著充滿復古東洋味的壁畫及招牌，也是下北澤街頭的經典取景地。即使只是路過也很難不被如此具有復古味道的角落給吸引住，從店外掛著大量古著洋裝的景象，就讓人忍不住購物的欲望。每家小店都擁有自己獨特的品味，一旦走進「東洋百貨店」，還真的很難不耗上1、2個小時的時間，然後帶著心滿意足的戰利品大豐收地回家。

東洋百貨店
東京都世田谷区北沢2-25-8

web http://www.k-toyo.jp/
time 12：00 - 20：00（無休）
tel 03-3468-7000

小巧的店內充滿美麗的古著服飾

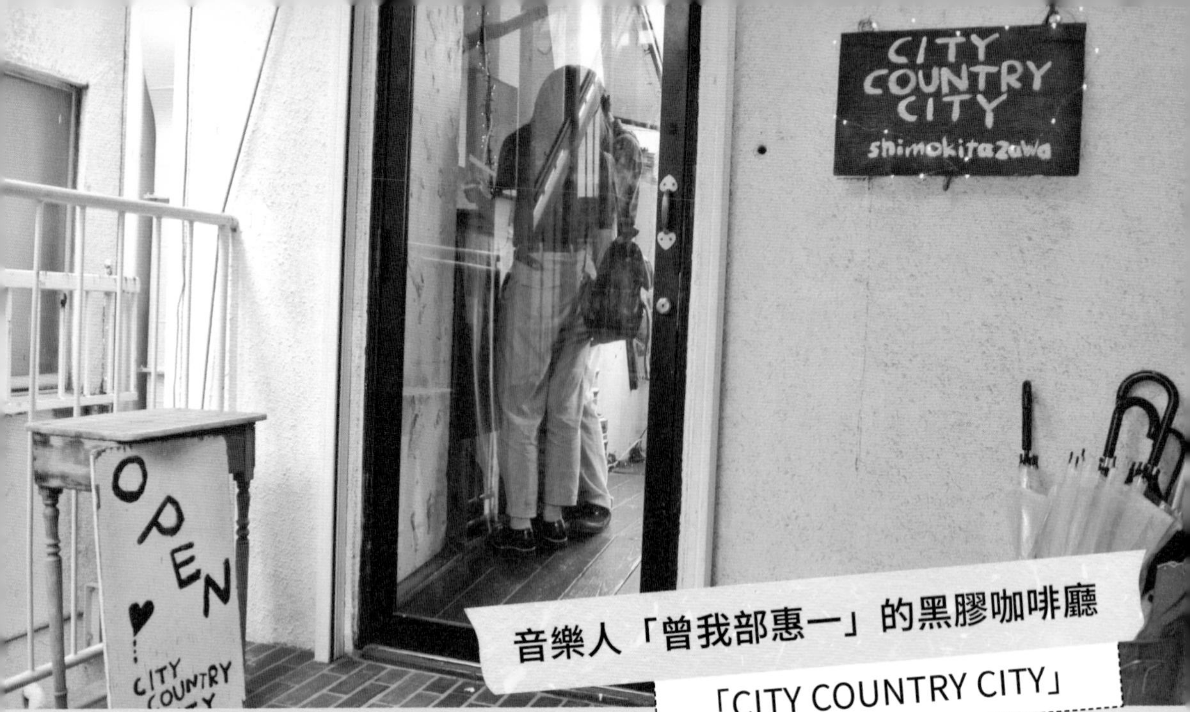

4樓的店門口

音樂人「曾我部惠一」的黑膠咖啡廳

「CITY COUNTRY CITY」

2006年開始營業的「CITY COUNTRY CITY」是一家複合式的咖啡廳，除了有許多美味的自家製料理之外，最特別的就是它還是一家二手黑膠唱片行，是由日本知名音樂人「曾我部惠一」所經營、結合唱片行的咖啡廳。在音樂人與樂迷聚集的下北澤裡，可是數一數二的文青景點。位在不起眼的公寓4樓，一定要是專業的樂迷才能找到這麼特別的黑膠唱片天堂。

簡單而明亮的裝潢、帶有歷史痕跡的木頭地板跟唱片櫃，是一家很有溫度的地方。不僅收藏許多經典的黑膠唱片，也提供唱片試聽。而這裡的菜色不論是義大利麵或是甜點都是由店家自行製作，找唱片找累了還能直接坐下來品嚐美食，真是太棒了！白

用餐時間一位難求

店內空間明亮溫馨

到處充滿二手黑膠唱片

天陽光灑下是個溫馨的場合，晚上則變身成慵懶的酒吧氛圍，這裡也會不定時地舉辦LIVE演出，有機會來親身體驗下北澤的音樂魅力吧。

還有黑膠唱盤機可供試聽

CITY COUNTRY CITY
東京都世田谷区北沢2-12-13 細沢ビル 4F

web http://city-country-city.com/
time 平日12：00 - 25：00（週三公休）
假日11：00 - 25：00
tel 03-3410-6080

和風義大利麵口味清爽美味

吧檯空間

自家烘培的各式咖啡豆

被咖啡廳的名字吸引

好咖啡搭配好音樂

「BOOKENDS COFFEE SERVICE」

不經意地經過在「本多劇場」及車站南口附近的「BOOKENDS COFFEE SERVICE」，正巧想來杯咖啡邊走邊逛，一開始吸引我注意的是它的招牌上寫著「bookends」，還有「live」，這究竟是一家什麼樣的咖啡店呢？以外帶為主的經營模式，內用一律200日圓、外帶一律180日圓，隨意地擺放幾個座位，簡單的設計讓人回歸單純想喝咖啡的慾望。

店內以木質裝潢打造，就像來到老闆家的收藏倉庫，各種咖啡豆排列在吧檯，豆單十分豐富，讓咖啡迷們眼睛為之一亮。小小的店內也能稍微坐下來休息，後方裝飾著收藏的黑膠唱片，書架上擺放著都是關於音樂的藏書與老物件。原來老闆也是資深樂迷，認為咖啡與音樂是生活中的必需品，因此有了這間店的誕生。店內不定期會有一些音樂活動，讓音樂持續在生活中發生。

BOOKENDS COFFEE SERVICE
東京都世田谷区北沢2-11-17

web http://www.facebook.com/BOOKENDS.COFFEE.SERVICE/

time 11：00 - 21：00（無休） tel 03-3411-8885

文青女孩的選物店

「三叉灯」

店外觀的紅磚牆十分吸睛

位在「下北澤站」南口熱鬧的三叉路口，「三叉灯」（Sansato）紅磚牆搭配綠意盆栽的外觀，點綴著日系雜貨風格的服飾。從門口的拱門進入，店內氣氛溫馨、滿滿的手作質感，讓人心裡都暖了起來。店裡各種可愛的服裝、雜貨、飾品應有盡有。

雖然店內空間小巧，但有3層樓可以慢慢挖寶，牆上也可看到一些有趣的藝術品，是個充滿美麗元素的空間。1樓以手作雜貨以及飾品為主，沿著樓梯一路往上可以看到好多可愛的服飾雜貨；2樓是以服裝為主的販售空間，不管是衣服、包包、帽子、鞋子都充滿獨特的質感，隨意就能穿搭出文青女孩的風格；3樓則是作為辦公室及休憩空間，還有販售咖啡，讓大家可以坐下來感受店裡想要傳達給大家的手感文藝氛圍。

三叉灯（Sansato）
東京都世田谷区代沢5-36-14

web http://www.sansato.jp/
time 11：00 - 20：00（無休）
tel 03-3419-2305

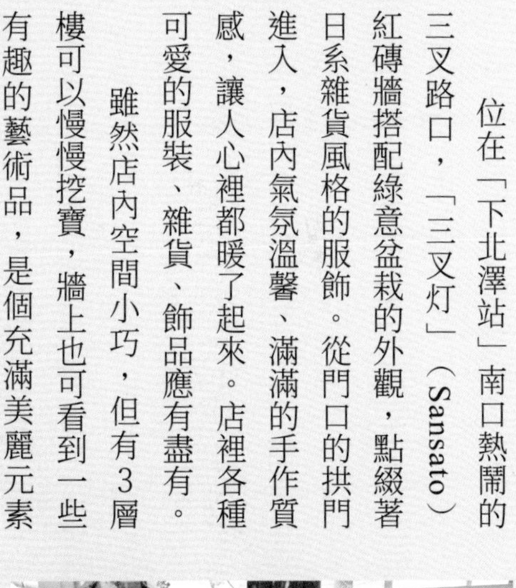

從服飾到裝潢都充滿文青感

環保愛地球的古著交易

「NEW YORK JOE EXCHANGE」

有別於一般古著店的霓虹

店內彷彿藝術空間一般

環保又超值的交易方式大受歡迎

充滿各具特色古著店家的下北澤街道上，「NEW YORK JOE EXCHANGE」創造了一個新的潮流，深受年輕族群的歡迎。走進店裡，五顏六色的霓虹燈與現代風格的裝潢讓大家彷彿走進時尚夜店，但意外地，這個地點以前是公共澡堂的所在地，從地板的瓷磚到牆上遺留的痕跡就能略知一二，在這樣衝突感的空間裡，其實是一家提供環保交易方式的古著店。

除了店家將收取進來的二手衣物重新整理成質感優良的古著販售之外，當大家把自己的二手衣物拿到店裡交易時，可以直接以6折的價值換購現場的商品，更加活絡二手衣物與古著的流動。像這樣能夠選購質感古著又可以環保愛地球的店家，可說是現代年輕人最嚮往的購物模式。每個月的第一個週日店家更會舉辦「THE FIRST SUNDAY SALE」半價日，趁著這個時間點好好逛逛「NEW YORK JOE EXCHANGE」吧！

NEW YORK JOE EXCHANGE
東京都世田谷区北沢3-26-4

web http://newyorkjoeexchange.com

time 12：00 - 20：00（無休）　tel 03-5738-2077

高架橋下的潮流據點

「下北沢ケージ」

彷彿籃球場的橋下空間

位在京王井之頭線「下北澤站」高架橋下的開放空間，被規劃成活動公園，希望可以為下北澤年輕世代帶來更多文化交流與衝擊。「下北沢ケージ」（SHIMOKITAZAWA CAGE）在2016年的夏天誕生，除了長期進駐的「アジア屋台酒場」（亞洲路邊攤酒場），提供享用越南、泰式料理以及小酌一番的戶外空間，另外更開放各種活動在此舉辦，像是街頭演出、畫展、市集等等，不定期有各種充滿故事的活動在此發生。

像這樣高架橋下的空間利用，始終讓人感覺充滿日本特有的都市氣息。想要了解這個城市，除了朝聖知名的店家與人氣景點之外，對於想要融入在地日常生活的我來說，更喜歡這樣在地的空間環境，感受屬於自己的旅行意義。

多用途經營的開放場地

這天舉辦的是藝術展覽活動

空間運用有無限可能

下北沢ケージ（SHIMOKITAZAWA CAGE）
東京都世田谷區北沢2-6-2 京王井の頭線高架下

web http://s-cage.com/　time 13：00 - 24：00（無休）

內用座位可以邊喝啤酒邊看書

除了書籍更有許多周邊商品

下北澤的隱藏版書店

書店有時候也有啤酒

「本屋 B&B」

距離車站南口步行不到1分鐘就能抵達的「本屋 B&B」（書店 B&B），是新形態的獨立書店，除了販售各種選書之外，更集合了關於書的雜貨、咖啡、啤酒，提供一個舒適的環境，讓大家在書的世界裡一邊喝著啤酒，一邊徜徉在書海的歡愉裡。

悄悄地坐落在地下1樓的店面，空間比想像中寬敞，不管什麼時間，總是有客人在店裡細細選讀，不管是文庫本、雜誌、外文書還是獨立發行的小誌都能在店裡找到。

除此之外也有許多藝術相關的作品，像是知名插畫家的周邊商品，如T恤、玻璃杯、記事本等等，也有一系列以下北澤為主題的選書，從這些選物也可以發現店家希望呈現的風格，「書店 B&B」希望成為能夠代表下北澤的書店，讓閱讀與在地文化結合，因此也時常舉辦座談會及讀書會，希望能讓書香成為下北澤的特色之一。

本屋 B&B（書店 B&B）
東京都世田谷區北沢2-5-2 BIG BEN B1F

web http://bookandbeer.com

time 12：00 - 23：00（無休）　tel 03-6450-8272

歐風質感古董等級

「Little Trip to heaven」

英倫風格濃厚的古著店

「Little Trip to Heaven」是一家仿照歐洲的跳蚤市場設計裝潢而成的歐風古著店，擁有非常可愛復古的外觀。店內匯聚了各式各樣從歐洲、美國精挑細選而來的男女服裝，以及各種精緻的鞋帽、箱包、項鏈等裝飾品，氣氛典雅舒適！

以50～70年代的歐美風格為主，店家的陳設營造出每一件古著都像古董一般，讓人忍不住細細欣賞，在這裡可以買到很多難得一見的精美商品。它與之前介紹的「Small Change」是同一個公司經營，品牌質感讓人安心，擁有專業服裝搭配知識的店員還會周到地為顧客提供各種服裝搭配的建議，偶爾讓自己變身英國紳士、淑女風，遇見新的自己，何嘗不是旅行途中的美好回憶呢？

Little Trip to heaven
東京都世田谷区北沢2-26-19

web http://www.smallchange.jp/ltth/
time 11：00 - 21：30（無休）
tel 050-3385-7975

復古又氣質高尚的單品

04

原宿、表參道

HARAJUKU、OMOTESANDO

最有東京感的街頭，潮流時尚又多元，彷彿舉手投足就能成為日劇中的主角。

「原宿站」與「表參道站」，可說是東京時尚潮流代表的黃金戰區，除了有多條地鐵線由此經過、交通便利之外，最大的特色就是聚集了從年輕人到熟女潮男最喜愛的時尚品牌店，因而成為最熱門的逛街聖地。

從深受青少年喜愛的原宿「竹下通」，一路到國際名牌佔據的表參道，與「安藤忠雄」一手打造的指標購物中心「表參道Hills」，第一次來到東京的朋友一定會把這裡排進必逛行程之中。

但柴郡貓覺得原宿與表參道更具有吸引力的地方是，只要轉進巷弄裡，便會遇見充滿特色的店家，不管是熟悉日本流行時尚才會知道的潮牌，或

「明治神宮前站」的出入口

是充滿文青質感的雜貨、不一定金碧輝煌卻總是門庭若市的街角隨景，隨意漫步觀察，就能發現東京生活的樣貌。

記得第一次來到表參道時，手機還沒有網路功能，當然更不可能用Google Map查路線，只帶著事先準備好的紙本資料，能找到錯綜複雜的表參道巷弄裡那間夢寐以求的店家時，心裡是多麼的感動。現在來到這裡，反而習慣跟著感覺走，自由地發現新的祕密基地，這也是旅行途中最美好的過程。

要研究東京的時尚潮流，一定要花個整天的時間，在原宿、表參道慢慢探索，相信一定會有滿滿的收穫。

深受歡迎的「表參道Hills」

原宿逛街聖地

「表參道Hills」的逛街人潮

隨處都會有新的發現

「神宮外苑」的銀杏大道

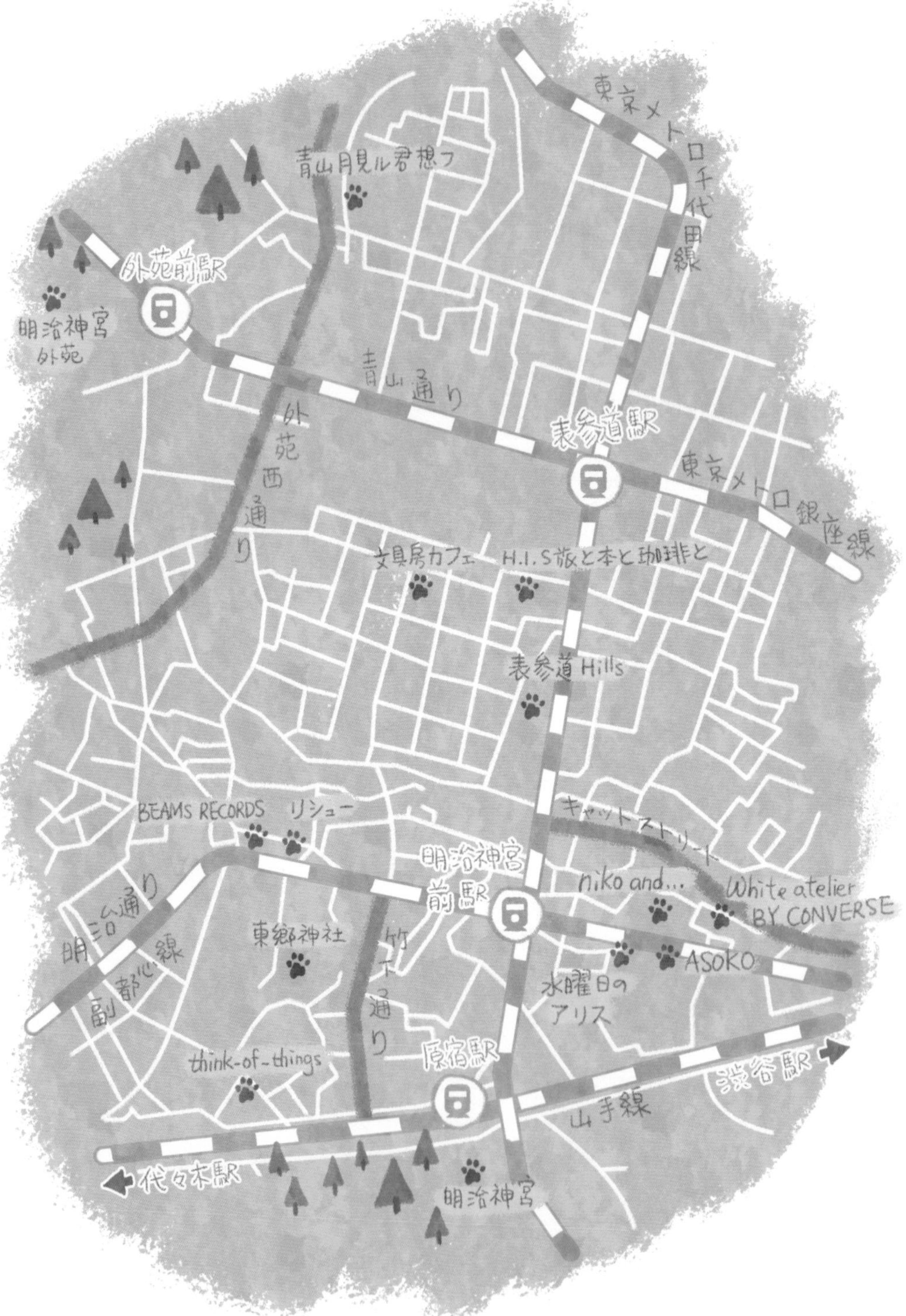
東京メトロ千代田線
青山月見ル君想フ
外苑前駅
明治神宮外苑
青山通り
外苑西通り
表参道駅
東京メトロ銀座線
文具房カフェ
H.I.S旅と本と珈琲と
表参道Hills
キャットストリート
BEAMS RECORDS
リシュー
明治神宮前駅
niko and...
White atelier BY CONVERSE
ASOKO
明治通り
副都心線
東郷神社
竹下通り
水曜日のアリス
think-of-things
原宿駅
渋谷駅
山手線
代々木駅
明治神宮

從大阪紅到東京的平價雜貨

「ASOKO」

開幕便引起熱潮的「ASOKO」

以紅白色系打造、外觀看起來十分吸睛的「ASOKO」，目前共有4家分店，而位在「明治通」大馬路上的這家店是唯一位在關東的分店，其他都在關西。第一次經過時，店外就大排長龍，還以為是什麼期間限定的潮店，原來是一家從大阪發跡，販售文具、廚房、生活雜貨等的人氣居家雜貨店。店內羅列具有流行性、繽紛的色調、新奇有趣的商品，一進入店面就感受到雀躍歡樂的氣氛。

既時尚又平價的雜貨，不受年齡性別限制大受歡迎，最大的原因是這些商品都帶著大阪人的搞笑幽默精神，像是假裝成指甲油的螢光筆，各種讓人忍不住會心一笑的設計，令人愛不釋手。還有像是以大阪名產——搞笑藝人頭像為主題製作的各種包包，可是只有「ASOKO」才發想得出來的獨家設計。

琳琅滿目的平價雜貨商品

指甲油造型的螢光筆超級暢銷

搞笑藝人頭像主題商品

ASOKO　　東京都渋谷区神宮前6-27-8

web http://www.asoko-jpn.com/

time 11：00-20：00（不定休）　　tel 03-6712-6752

具有規模的旗艦店

當紅的生活質感文青品牌

「niko and...」

「niko and...」東京旗艦店位在「明治神宮前站」旁邊，距離原宿跟表參道都很近，可說是最「潮」的逛街地點。這家是柴郡貓每次到東京都會找時間去逛逛的文青品牌，從名字看起來就非常有意識形態，「niko」是「Nobody I Know Own Style」的縮寫，「and...」則是表達無限延伸的可能性。店內不只有時尚又質感的服飾，還有家飾雜貨，從文具用品到戶外運動用品應有盡有，再加上複合咖啡廳的經營，結合所有生活的元素，這就是時下青年最喜歡的風格。

走進店裡，1樓是帶有文青質感，低調卻有設計感的男裝女裝，輕鬆穿搭就能打造屬於自己的風格，加上店面占地超大，讓人逛得眼花繚亂。走上2樓還有

戶外用品系列也很豐富

牛皮紙袋系列商品

深受文青喜愛的潮牌

家飾雜貨，各種雜貨、文具、傢俱、選物，價格平實，質感也很好，難怪深受大家的喜愛。店裡還有一處選書閱讀區，讓客人可以在這裡看看書感受店裡的獨特氛圍。最後逛累了，再到複合咖啡廳點個最有名的「ニコパン」（niko麵包），有好多口味可以選，搭配一杯熱咖啡，坐下來填飽肚子，心滿意足。

位在1樓的咖啡廳

niko and ...
東京都渋谷区神宮前6-12-20

web http://www.nikoand.jp/
time 11：00 - 22：00
tel 03-5778-3304

有名的niko麵包炒麵口味搭配咖啡

店內充滿童話角色的裝飾

宛如走進夢遊仙境之中

店外觀

漫步童話的夢遊仙境

「水曜日のアリス」

最近這幾年《愛麗絲夢遊仙境》可說是人氣居高不下的童話故事，不僅翻拍成電影，許多店家也紛紛以此為主題打造夢幻主題餐廳。「水曜日のアリス」（Alice on Wednesday）是這個風潮中深受女孩們喜愛的雜貨店，從東京、福岡、大阪到名古屋都有分店，店家販售各種以《愛麗絲夢遊仙境》的主角及場景為發想所設計出來的零食、雜貨、飾品、生活用品等等。

還沒走進店裡就能看見大排長龍的人潮，店外觀設計成夢遊仙境的場景「需要喝縮小藥水才能進去的小門」，讓大家在門口就忍不住拍起照來，店內更依樓層打造，1樓是販售點心零食的「白皇后的廚房」，2樓的「紅皇后的法庭」陳設著各種可愛精緻的飾品與雜貨，3樓則是「瘋狂帽客的工房」，販售著流行時尚的服飾單品，每一個地方還能遇見不同的主角，完全是一個《愛麗絲夢遊仙境》的遊樂園！

水曜日のアリス（Alice on Wednesday）
東京都渋谷区神宮前6-28-3 カノンビル

web http://www.aliceonwednesday.jp/

time 11：00-20：00（無休） tel 03-6427-9868

咖啡廳入口處

位在2樓的溫馨空間

帶有音樂、藝術元素的擺設

把咖啡當畫布的拉花藝術

「リシュー」

位在「竹下通」出口不遠處、明治神宮前的主要道路一分為二的小巷，這裡聚集了許多服飾潮牌，而「リシュー」（REISSUE）就悄悄坐落在巷子裡的2樓空間。小小的店面容納不下太多的客人，簡單舒適的裝潢好像看不太出特別的地方，但原來這裡隱藏著一位世界咖啡拉花大師。

雖然店內也有供應好吃的蛋糕與餐點，但是引起話題的是那一杯杯精緻的拉花藝術。來到店裡，選擇好想喝的咖啡就可以指定拉花的圖案，不管是寵物、自畫像、平面拉花還是立體拉花都讓人驚豔，店員會拍下顧客提供的照片，拉花大師就會依照照片在咖啡上作畫，利用奶泡與巧克力勾勒出精緻的線條，讓每個人都能擁有獨一無二的咖啡，真是可愛到捨不得喝呢！

リシュー（REISSUE）
東京都渋谷区神宮前3-25-7
丹治ビル2階

web http://twitter.com/cafe_reissue
time 10：00 - 18：00（不定休）
tel 03-5785-3144

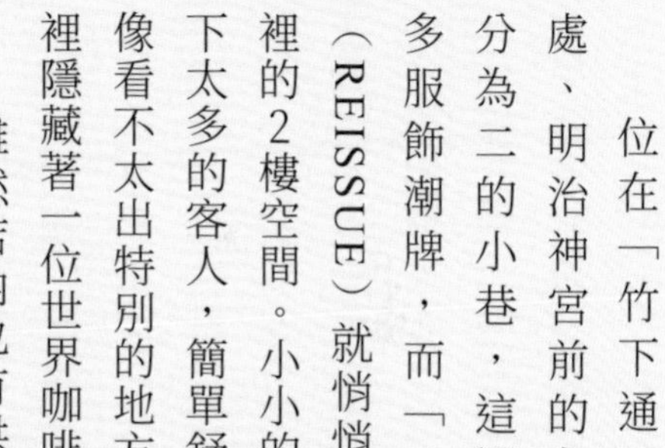

拉花藝術拿鐵令人讚嘆

非常有特色的文具咖啡廳

用文具展開的生活日常

「文具房カフェ」

或許現在的社會資訊情報爆炸，每天滑著手機就能處理各種事情，數位化的時代讓實體的存在感也漸漸薄弱了。但仍然有一群人跟柴郡貓一樣，喜歡拿著筆記本與筆，感受文字透過手心被寫下來的感動，手中的觸感、實際的存在感是怎麼也不能代替的。「文具房カフェ」（文具咖啡廳）就是以這樣的出發點開始經營。

店裡除了提供餐飲及內用空間之外，更販售許多文具用品以及與文具相關的書籍。最特別的是，桌上的餐桌紙就是一張圖畫紙，現場提供各種色筆，讓客人一邊喝著咖啡一邊塗鴉，希望在日常生活中透過這樣與文具相處的機會創造更多的可能性。店內的招牌咖啡也以「約翰藍儂」的歌曲〈Imagine〉命名，如此有想法的咖啡廳，早已成為東京文青們的口袋名單。

文具店與咖啡廳融合的店內空間

文具房カフェ（文具咖啡廳）
東京都渋谷区神宮前4-8-1
内田ビルB1F

web http://www.bun-cafe.com/
time 11：00 - 22：00（週二公休）
tel 03-3470-6420

邊喝咖啡邊計劃一場新旅程

「H.I.S.旅と本と珈琲と」

旅行公司經營的咖啡空間

與「猿田彥珈琲」合作的美味咖啡

不定期推出季節限定的咖啡

從表參道的巷子轉進去，一家名為「H.I.S.旅と本と珈琲と」（H.I.S.旅行、書與咖啡）的店立馬吸引了我的目光。身為專業的旅人兼作家，十分好奇是一家什麼樣的咖啡廳會有旅行還有書呢？原來這裡是由H.I.S.旅行社所經營的空間，與日本知名咖啡品牌「猿田彥珈琲」合作，1樓作為咖啡商品販售的空間，各式咖啡香撲鼻而來，人潮也聞香而來，現場還有旅遊相關的雜誌可供閱讀。

往樓梯下走去則是販售旅遊書籍的書店「旅にでる理由」（出發旅行的理由），大家可以點一杯咖啡坐在這裡找找旅遊資料，計劃一場新的旅程。依國家區分的書籍排列清楚明瞭，舒適的空間也讓人十分放鬆。再往下一層樓就是H.I.S的服務櫃檯，原來這整棟樓都是H.I.S.公司的辦公室，可以提供旅遊諮詢與預約的服務，像這樣把熱愛旅遊的人所需全部聚集起來，貼心又新潮的經營概念，難怪身為音樂旅人的柴郡貓也被深深吸引。

H.I.S.旅と本と珈琲と（H.I.S.旅行、書與咖啡）
東京都渋谷区神宮前4-3-3 バルビゾン7番館

web http://www.his-j.com/branch/omotesando/
time 11：00 - 19：00（無休） tel 03-5775-2471

創造自己獨一無二的帆布鞋

名人設計鞋款

簡約時尚的店外觀

創造自己的不敗潮流

「White atelier BY CONVERSE」

CONVERSE帆布鞋可說是時尚潮流的最佳代表，不管是哪一個世代的人，青春的記憶裡絕對都會有一雙CONVERSE。「White atelier BY CONVERSE」位在東京時尚的中心，店裡全白的設計搭配美式塗鴉的裝潢風格，一看就知道跟一般的CONVERSE專賣店不太一樣。

在2016年開幕的原宿店，是第一家可以打造專屬於自己的CONVERSE帆布鞋的專賣店，店內有各種純白的帆布鞋款式，以及種類豐富的周邊配件，顧客可以自己選擇想要的搭配，不但可以在鞋面上塗鴉，更可以透過印刷，設計出專屬的帆布鞋款式，現場也展示許多知名人士自己設計的鞋款。

充滿獨特的創意，最能展現年輕族群想要展現自己的個性，因此深受文青世代的歡迎。更在2017年在吉祥寺展店，第二家店的誕生也象徵著自創CONVERSE的魅力無法擋。

White atelier BY CONVERSE
東京都渋谷区神宮前6-16-5

web http://whiteatelier-by-converse.jp/

time 11：00 - 20：00（不定休） tel 03-5778-4170

日系潮牌引領音樂瘋潮

「BEAMS RECORDS」

小小的選物唱片行

在裏原宿佔據相當重要角色的日本潮牌「BEAMS」，在這裡除了有「BEAMS」，還有女裝品牌「BEAMS BOY」、「Ray BEAMS」、「BEAMS T」專賣店、「BEAMS F」旗艦店，以及唱片行「BEAMS RECORDS」……等等，而其中最特別的，莫過於在1999年誕生的「BEAMS RECORDS」，希望透過音樂介紹屬於這個時代的潮流與本質，展現品牌概念與風格。

店內販售的音樂商品有黑膠唱片，也有CD，更有聽音樂的周邊設備，及一些聯名的周邊商品，非常能感受其中的態度與個性。店內的音樂都可以試聽，也可以請店員幫忙介紹喜歡的音樂類型，從日本國內的嚴選獨立樂團到國外唱片，「BEAMS RECORDS」以獨特的眼光收集到店裡，期望用音樂呈現屬於這個世代的潮流文化。

BEAMS RECORDS
東京都渋谷区神宮前3-25-15 1F

web http://www.beams.co.jp/beamsrecords/
time 11：00 - 20：00（不定休）
tel 03-3746-0789

從唱片到器材周邊應有盡有

文青質感的設計店面

來自生活裡的每一個想法
「think-of-things」

複合式經營的品牌概念是現在正夯的流行趨勢，從工作使用的文具、生活中的家飾到喝一杯咖啡的時光，都展現著品牌態度，也決定著使用者呈現出來的質感與價值。「think-of-things」由日本百年文具品牌「KOKUYO」所設立，目的是以「文具概念店」的定位，帶領大家從各面向重新審視文具對生活的重要影響。

整棟3層樓的格局裡，全白且結構富有設計感的外觀相當吸睛，內部則是極簡洗鍊的工業風，規矩中隱藏著趣味。

這裡不只販售文具，1樓更結合「OBSCURA COFFEE ROASTERS」品牌打造文具店複合咖啡廳的質感空間，2樓的多工展演廳、品牌工作室，經營充滿各種可能的空間。印象最深刻的是店內的文具，復古中又帶有趣味，完全感受到老牌文具品牌融合傳統與創新的新價值。

think-of-things　東京都渋谷区千駄ヶ谷3-62-1

web http://think-of-things.com/

time 10：00 - 20：00（每月雙數週的週三）

寬廣的空間陳設別有一番風味

筆記本很有復古的味道

具有質感的物件陳設

店內的咖啡點餐吧檯

柴郡貓的現場演出舞台

串起台日音樂交流

「青山月見ル君想フ」

「青山月見ル君想フ」（青山月見君想）是一家經營超過10年的音樂展演空間，在東京可說是十分有名氣。這個特別又浪漫的名字牽起了台灣與日本的音樂之緣，十分喜愛台灣文化的老闆在2014年年底於台北打造一家同樣浪漫又有趣的複合空間「台北月見ル君想フ」（台北月見君想）。致力於將日本的獨立音樂推廣到台灣，也成為台灣音樂在日本被發揚光大的平台。

位在地下室的「青山月見君想」，從店外就能看到彎月的招牌，走進店裡，一眼就能看見那個在舞台上又圓又大的月亮，也是店家最大的特色。舞台上的大型月亮投影裝置配合演出投放，視覺效果讓人印象深刻，現在也成為台灣獨立樂團到日本巡迴一定要踩的點。除了音樂之外，店內提供好喝的酒類特調與輕食料理也讓人津津樂道。這樣一個台日音樂交流的浪漫場所，怎麼能錯過？

豐富的酒單也不容錯過

位在地下室的音樂祕密基地

又大又圓的滿月投影是最大特色

提供場地租借舉辦活動

青山月見ル君想フ（青山月見君想）
東京都港区南青山4-9-1 シンプル青山ビルB1F

web http://www.moonromantic.com/
time 14：00-22：00
tel 03-5474-8115

05

神保町

JINBOCHO

用古書堆砌成文質彬彬的巷弄，空氣中瀰漫著書香與時代氣味。

道路兩旁盡是書店林立

「神保町站」，光從名字讀起來就能感覺到歷史的氛圍，有都營三田線以及地鐵新宿線經過，雖然不是人來人往的大站，卻傳承著歷史文化相當重要的意義。因為即使在這個到處都是低頭族的年代，在日本的電車上仍然有許多人拿著文庫本讀著書，可見紙本出版品在日本人心中仍是不可抹滅的存在。

而神保町一帶正是聚集許多經歷了日本歷史的古書老店鋪，因而有古書街之稱。

從車站、月台的設計就可以看見書本的元素融合其中，立馬就能感受到神保町這個地方書香滿溢的氣息。走在路上，大大小小的書店、古書店林立，如果以為每家店都大同小異，那可就大錯特錯。對於古書的收藏每一家

以建築書籍為主的「NANYODO」

電車月台上的書堆裝飾

店也都有其專業項目，像是專門販售美術相關古書的店，或是以建築主題為主的古書店，對於自己的專業，這些古書店是絕對不會讓步的。也因此每一家書店都有自己的鎮店之寶，可能是幾百年歷史的地圖或是世界上僅剩幾本的重要藏書，只要有心，都能夠在這裡找到自己的寶藏。

一向喜歡老物件的柴郡貓，來到這裡，街道不像標榜老街的觀光景點打造得古色古香，但每一個店家各自散發出的時代感，就像是歷史的遊樂園般，處處都有驚喜的發現。每年10月下旬更會舉辦「神田古本祭り」（神田古書祭），是所有古書店家把藏書擺到街上、大規模的曬書祭典，書迷們絕對不能錯過。

最有名的「矢口書店」風景

店外都是滿滿的二手書陳列

一日古書街散步，一起出發吧！

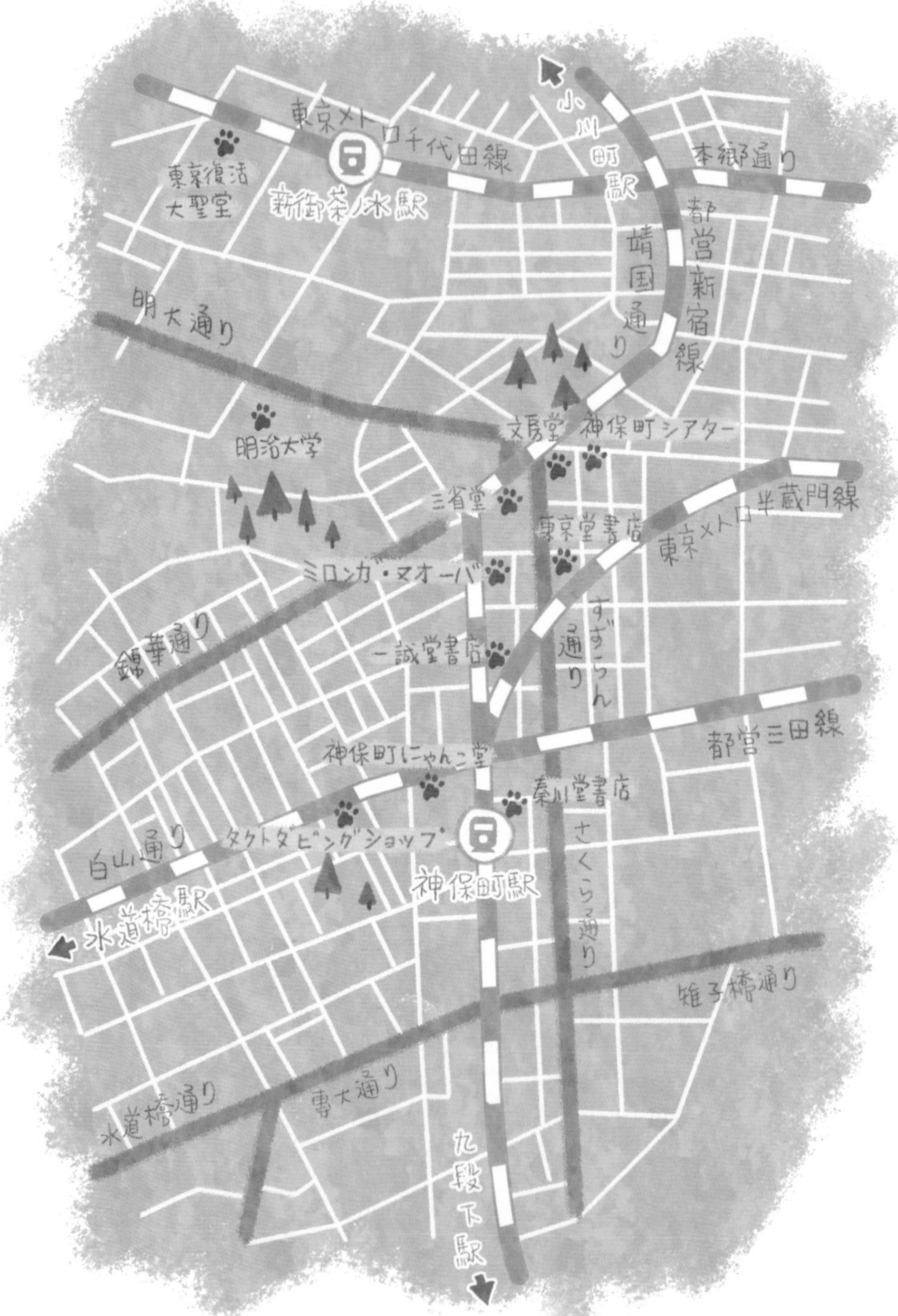
東京メトロ千代田線
東京復活大聖堂
新御茶ノ水駅
小川町駅
本郷通り
都営新宿線
靖国通り
明大通り
文房堂
神保町シアター
明治大学
三省堂
東京メトロ半蔵門線
東京堂書店
ミロンガ・ヌオーバ
錦華通り
すずらん通り
一誠堂書店
都営三田線
神保町にゃんこ堂
秦川堂書店
白山通り
タクトダビングショップ
神保町駅
水道橋駅
さくら通り
雉子橋通り
専大通り
水道橋通り
九段下駅

老字號日本連鎖書店

「三省堂」

有如百貨公司的「三省堂書店」

前後兩側都有入口

販售書籍種類豐富

各種文具也讓人著迷

喜歡到日本逛書店的朋友對這個名字一定不陌生，「三省堂」是日本知名連鎖書店，於日本國內外開設了近50家以上的店舖，而神保町本店則是在１８８１年創業開張的第一家店，已有一百多年的歷史。神保町本店共計6層樓，按照書籍種類分層，擺設書籍將近１４０萬冊以上，１樓以新發行的書籍、雜誌、旅遊書為主，還有結合「神保町いちのいち」品牌的文具雜貨販售，逛起來輕鬆愉快，一開始還以為來到了百貨公司呢！

「三省堂」以「書籍的百貨公司」這個名號稱霸日本出版界，但在賣書這件事上則堅持老店的風範，不管想買什麼書都能找到，全力滿足購書顧客的所有要求。「三省堂」雖然以新書為主，店裡也有一區古書區，十分有神保町本店的氛圍。

三省堂　東京都千代田区神田神保町1-1

web　http://www.books-sanseido.co.jp/

time　10：00 - 20：00　tel　030-3233-3312

專賣貓咪主題的書店

「神保町にゃんこ堂」

看起來另有玄機的店面

從車站一出來馬上就可以看到這家「姊川書店」，這家店看起來好像有點不一樣，從店外就可以看到好多貓咪的蹤跡。原來隱身在這家書店裡的是「神保町にゃんこ堂」（神保町喵咪堂），這裡專門販售以貓咪為主題的書籍，是柴郡貓推薦給愛貓人士一定要來朝聖的隱藏版貓咪景點喔！

店內藏書種類十分豐富，從小說、雜誌、寫真集到繪本全部都是以貓咪為主題的書籍，讓人大開眼界。一進門就可以看到貓咪寫真展的照片，讓人都融化了。除了書本，還有各式各樣的貓咪周邊商品，而店家也有自己設計的貓咪商品，主角是隻看著書的貓咪，實在是太療癒了。平常就喜歡收集跟貓相關書籍的柴郡貓，在這邊又找到好幾本有趣的書可以收藏了呢！

各種貓咪主題的書籍

店內的貓咪寫真展

走進店裡馬上被貓咪們融化

神保町にゃんこ堂（神保町喵咪堂）
東京都千代田区神田神保町2-2
姉川書店内

web http://nyankodo.jp/

time 平日10：00 - 21：00、
假日12：00 - 18：00（週日公休）

tel 03-3263-5755

貓咪系列的周邊商品也讓人愛不釋手

氣派豪華的店外觀

古書界的百年歷史名門

「一誠堂書店」

位在「神保町站」旁的「靖國通」上，「一誠堂書店」完全符合想像裡古書店的形象。氣派又豪華的建築展現了古書界龍頭的氣勢，大理石材質的歐風美學建築，可以窺知店內藏書類型，包含洋書及美術、文史相關的古典書籍，整家店散發出歷史與時代融合的特別氣氛。1樓主要是日本文史類古書，有國文史、也有演劇相關藏書，泛黃的書本下記錄著的知識流傳，顯得別具意義。

2樓則是以洋書及美術相關卷宗為主，想像著經過時間流逝，這些書籍仍持續帶給世界上的人各種超乎想像的影響，就覺得像「一誠堂書店」這樣的存在真是太重要了！不知道是這樣年代久遠的書籍加持，還是書店自

歷史悠久的卷宗十分珍貴

店外就排著滿滿的二手古書

2樓藏書以美術主題為主

1906年來超過百年的歷史意義作祟，空氣中聞得到時代綿延的氣味，那老舊的復古感也讓人感動得紅了眼眶。

以文史演劇為主的藏書十分特別

店內古風裝潢與古書恰好的搭配

一誠堂書店
東京都千代田区神田神保町1-7

web http://www.isseido-books.co.jp/
time 平日10：00 - 18：30
假日10：30 - 18：00（週日公休）
tel 03-3292-0071

日本首家美術畫材專賣店「文房堂」

被列為「都市景觀賞」的店外觀

走進「文房堂」本以為是一般的文具店，販售著各式各樣的文具相關用品，但仔細地從B1逛到6樓才發現，原來這家創業在1887年、以販售與製作油畫周邊畫材為主的老店，是日本第一家這類型的相關專門店，到2018年就邁入130年歷史了。此外，值得一看的還有從關東大地震中倖存、保留近百年的建築，特地被保存的外牆同時也獲得「都市景觀賞」，成為重要的歷史建築。

7層樓的美術畫材專賣店，大概只有日本才看得到這樣極致的展現。日本人對每件事情的細膩及極致的追求，從經營模式就可窺知一二。地下1樓以販賣高級文具、紙類、漫畫用品為主，可以挖到各式各樣用途的筆記

美術用品專門店名不虛傳

宛如藝術品展覽的店內空間

陳設了許多畫家的介紹

本、高級鋼筆、紙膠帶等；1樓以油畫畫材、質感文具與雜貨為主，許多有趣的文具也很適合拿來當伴手禮。2樓以版畫與雕塑類為主，3樓經營成藝術咖啡廳，4樓以上為展覽空間及美術教室空間租借，其中6樓還有畫框訂製服務，這樣完備的美術專營店，真是生活中最具藝術氣息的文具店。

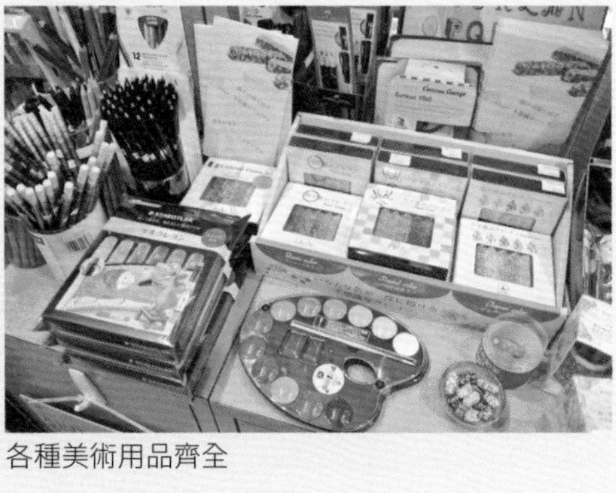

各種美術用品齊全

文房堂

東京都千代田区神田神保町1-21-1

web http://www.bumpodo.co.jp/

time 10：00 - 19：30（無休）

tel 03-3291-3441

用一杯咖啡的時間流轉黑膠時光

「ミロンガ・ヌオーバ」

彷彿穿越時空的復古場景

「名曲喫茶」在日本的風潮已延續數十個年頭，指的是專門播放古典樂或爵士樂黑膠唱片，提供樂迷欣賞音樂的咖啡廳，特別是在老城老街裡特別容易找到這樣彷彿穿越時空的復古咖啡廳。「神保町站」A7出口旁的小巷弄，正是復古咖啡廳愛好者的私密景點，連續幾家的老咖啡廳，讓人忘記了時間。而「ミロンガ・ヌオーバ」（MILONGA NUEVA）從1953年就已隱身在此，帶有古堡氣息的紅磚牆裡，店內彷彿地窖般昏暗的燈光下，搖曳著探戈的古典旋律。吧檯裡收藏著大量的黑膠唱片，工作人員除了忙著製作餐點，也要隨時換上適合的唱片，陪伴客人度過一杯咖啡的美好時光。

店內每個角落都充滿故事

店內收藏大量黑膠唱片

店內除了招牌的炭火烘培咖啡之外，另外一個大特色是收藏世界各地的啤酒，啤酒牆上還能找到來自台灣的台灣啤酒呢！店內有分成吸菸區與禁菸區，不管哪個區域都可以聽到在唱盤機上轉動流瀉出來的探戈節奏，搭配一杯濃郁的炭火咖啡以及手工甜點，這個下午彷彿展開一場時光旅行，走進了60年代的場景。

昏暗的燈光隨著音樂靜靜搖曳

ミロンガ・ヌオーバ（MILONGA NUEVA）

東京都千代田区神田神保町1-3

web http://go-jimbou.info/shoku/cafe/

time 平日10：30 - 22：30

假日11：30 - 19：00

tel 03-3295-1716

點一杯咖啡搭配甜點的美好音樂時光

彷彿歐洲街頭的櫥窗展示

店內附上的咖啡廳空間

新穎的設計十分吸睛

綜合新形態老書店

「東京堂書店」

位在神保町最具代表性的書街上，從「三省堂書店」、「文房堂」一直到「東京堂書店」，都是這條書街不可或缺的存在。「東京堂書店」創立於1890年，一開始只是經營小書店，後來隨著出版業務的增加，1913年正式在這個地點開幕了總共3層樓、當時號稱日本第一書店的「東京堂書店」，一直到現在已超過百年歷史的書店，正以綜合新形態將書籍融入日常生活之中。

1樓以「Foresee FUTURE of Mankind」（讀取人類的未來）為主題，販售新發行的書籍、雜誌，以及書的各種可能性的展現。2樓是以「Grasp ACT of Mankind」（捕捉人類的活動）為主題，陳設經濟、政治、音樂、美術等等人類活動的相關書籍。3樓則是以「Trace MIND of Mankind」（迎向人類思維）為主題，擺放文學、文史類的書籍，更提供咖啡廳的空間，讓書迷可以停下腳步感受書本的魅力。

東京堂書店　東京都千代田区神田神保町1-17

web　http://www.tokyodo-web.co.jp/

time　平日10：00 - 21：00
假日10：00 - 20：00

tel　03-3291-5181

屬於印刷品的古董店

「秦川堂書店」

隱身2樓的古書世界

各個年代的紙本印刷彙集於此

「京都便利堂」的浮世繪明信片

神保町的古書店五花八門，其中最讓柴郡貓印象深刻的就是「秦川堂書店」了。書店旁邊是「京都便利堂」，它主要販售和風明信片及文具的品牌，以傳統和紙及工藝畫、浮世繪等創作展現日本文化之美。而與「秦川堂書店」比鄰或許也是因為明信片的關聯，「秦川堂書店」不是一般的古書店，它所收藏販售的是除了書籍之外的紙本印刷品，像是各個時代的地圖、各類型的廣告傳單、每個時期的電車時刻表等等，當然也有具有時代意義的老明信片們，店內堆疊著滿滿的印刷品，讓人忍不住興奮地一一翻閱。

就像是充滿懷舊氣氛的古物店，這裡的每一張紙、每一份手冊，都是見證時代的古董寶藏。不用為了尋找什麼而前來，來到「秦川堂書店」，不管是泛黃的江戶地圖、還是過期幾十年的活動傳單，雙手不停地翻動著，每個人都會遇到跨越時空、命中註定的邂逅。

秦川堂書店

東京都千代田区神田神保町2-3　岩波書店アネックス2F

web　http://shinsendo.jimbou.net

time　平日10：00 - 18：30　　tel　03-3264-2780

假日11：00 - 17：30（週日公休）

令人懷念的3吋小CD

復古錄影帶系列

彷彿兒時記憶裡的唱片行

復古年代的再生重現計畫

「タクトダビングショップ」

有一次經過看起來十分復古的二手唱片行「タクトダビングショップ」（TACTO DUBBING SHOP），決定走進去逛逛，看看有沒有什麼意外的發現。店內陳設十分簡樸，就像小時候家附近不知名的錄音帶店一般，不禁讓人想起小時候聽錄音帶的回憶。

「TACTO DUBBING SHOP」身為二手唱片行，販售的商品超乎想像的復古，除了CD與錄音帶，還有紅極一時的3吋CD單曲，更有許多錄影帶、伴唱卡帶等等，好像走進了爸爸的倉庫，充滿故事畫面地翻閱著。除此之外，這裡更是一家專門把老舊的音源影像重現成現代規格的專門店。把錄音帶音源、V8錄影影像數位化，讓曾經美好回憶再次回到生活之中，重現復古年代的美好。

提供各種音樂影像數位化的服務

タクトダビングショップ
（TACTO DUBBING SHOP）
東京都千代田区神田神保町2-14

web http://tacto.jp/vd/
time 11：00 - 20：00（無休）
tel 03-3264-5399

老電影新喜劇都在這裡

「神保町シアター」

設計新潮的建築體

神保町戲院

各種復古年代的影片宣傳資料

神保町古書街道裡藏著一棟看起來十分有違和感的建築，線條俐落、未來感十足的黑色建築，它竟然是一家戲院。由日本小學館經營的「神保町シアター」（神保町戲院），這座小電影院建於２００７年，戲院設有近百個座位的空間，主要放映日本經典老片特輯。

除此之外這裡更和「吉本興業」共同經營「神保町花月」，提供搞笑藝人演出喜劇的舞台。舞台劇空間可容納１２６人，是個可以近距離接觸的展演空間。１樓大廳除了擺放著各種日本老電影的介紹ＤＭ之外，最顯眼的就是吉本興業旗下搞笑藝人的周邊商品了。對於日本經典老電影以及搞笑藝人有興趣的朋友，也可以來到這裡體驗現場演出的聲光娛樂效果。

神保町シアター（神保町戲院）
東京都千代田区神田神保町1-23

web　http://www.shogakukan.co.jp/jinbocho-theater/

time　依節目表時間而異

tel　03-5281-5132

館內空間帶著年代的味道

06

上野、谷根千

UENO、YANESEN

洋溢著藝術氣息與下町風情，品味傳統老東京的日常光景。

「京成上野站」旁就是上野恩賜公園

「上野站」可說是東京都十分有代表性的一站，不僅是從成田機場搭乘京成電鐵進入東京的重要轉運站，也是JR山手線、地鐵銀座線、日比谷線等交會的交通樞紐，更是大家所熟知、物超所值逛街聖地「阿美橫丁」的所在地。充滿悠閒氣息、占地廣大的「上野恩賜公園」與熱鬧的街道比鄰，是個充滿生氣的區域。

而「谷根千」則是「上野恩賜公園」往上延伸的「谷中」、「根津」、「千駄木」三個地區，從「日暮里站」下車，就能感覺到處處充滿濃厚的下町老街氛圍。以前也是許多文人居住的地方，像是大文豪「夏目漱石」、「森鷗外」等等，都曾在此處居住而留下帶有歷史意義的舊居遺跡。在這裡漫步，除了能夠品味傳

占地廣大可以花一整天走走逛逛

統老東京的風光，以貓咪出沒而掀起人氣的「谷根千」，還能來一趟慵懶的尋貓之旅。

從日文研究所畢業後，就希望可以踏上對柴郡貓影響很深的日本文學之旅，加上貓咪景點的誘惑，第一次的日本之旅就決定來到這裡。比起五光十射的時尚大道，更喜歡復古而淳樸的下町風景，漫步其中細細感受日本的生活步調，體會時間留下來的日常秩序。之後更曾來到「谷中銀座」取景拍攝ＭＶ，最喜歡的風景搭配上自己的歌曲，更加深了對這個地方的情愫。柴郡貓推薦的下町漫步路線，可以一路從「上野恩賜公園」散步到「谷中銀座」，從美術館到大學校區感受文藝氣息，再到老街區一邊尋找貓咪的蹤跡，一邊發現屬於自己獨一無二的風景，可能是一個百年歷史的和菓子店，也可能是一家澡堂改造的畫廊，輕鬆愜意又充滿驚喜，寫下屬於自己的旅人記憶。

「谷中銀座」的夕陽階梯

小心隨時有貓咪出沒

觀光客必朝聖的「阿美橫丁」

巷弄裡隱藏著美麗風景

在貓町裡尋找貓咪蹤跡

人氣的老屋咖啡廳大排長龍

東京メトロ千代田線
千駄木駅
西日暮里駅
言問通り
根津駅
ギャラリー猫町
HAGISO
やなかしっぽや
やなか健真堂
谷中 松野屋
谷中銀座商店街
日暮里駅
常磐線
SCAI The Bathhouse
山手線
上野動物園
上野櫻木あたり
東京都美術館
京成本線
中央通り
尾久橋通り
国立西洋美術館
日本国立博物館
鶯谷駅
国立科学博物館
尾竹橋通り
昭和通り
東北上越新幹線
入谷駅
東京メトロ日比谷線

不忍通り
湯島駅
下町風俗資料館
mAAch ecute神田万世橋
末広町駅
中央通り
上野広小路駅
上野御徒町駅
京成上野駅
2K540 AKI-OKA ARTISAN
秋葉原駅
御徒町駅
京濱東北線
仲御徒町駅
都営新宿線
総武本線
蔵前橋通り
都営大江戸線
春日通り
アメ横丁
浅草通り
清洲橋通り

公園最大的入口

最物超所值的景點

「上野恩賜公園」

「上野恩賜公園」是日本最早開放的公園之一，除了擁有風景宜人的寬廣腹地，最特別是這裡豐富的主題性，從以熊貓擁有超人氣的「上野動物園」到「日本國立博物館」、「國立科學博物館」，還有「國立西洋美術館」、「上野之森美術館」、「東京都美術館」。不管是小朋友或大人，一個人還是家族旅行，這裡是絕對不會錯的定番景點，或許花一天的時間還逛不完呢！

當初建造「上野恩賜公園」時雖然是仿造歐風公園，不過這裡集結了許多道地的日式景點，像是西元1651年由江戶幕府第三代將軍「德川家光」進行大規模改建、使用大量金箔而富麗堂皇的「東照宮」，以及祭拜醫藥祖神祈求身體健康的「五條天神社」，

在公園裡也能體驗日本神社的文化

公園內隨意可遇見的音樂演出

知名的「西鄉隆盛」雕像

金碧輝煌的「東照宮」

「五條天神社」的鳥居道

另外低調卻充滿歷史意義的「寬永寺」也不容錯過。

春天來臨時這裡更是著名的賞櫻聖地，上千株的櫻花點綴「上野恩賜公園」，十分壯觀。每年的夏天則有上野夏日祭典活動，不管是戶外舞台的音樂演出，或是古董市集、熱鬧的遊行活動，可以感受純正的夏日祭典及充滿文化藝術的氣息。

如果想要好好感受日本美術館與博物館的魅力，可以購買「東京美術館、博物館優惠暢遊手冊」（東京・ミュージアム ぐるっとパス２０１８），每年的最新版於４月１日發售，使用日期為該年的４月１日至隔年的３月31日。涵蓋了大東京都會圈80家藝術設施的優惠，從使用日當天起２個月之內有效，一本手冊售價２０００日圓，限本人使用，滿足文藝青年們的夢幻踩點行程。

「東京都美術館」

壯觀的「國立西洋美術館」

上野恩賜公園
東京都台東区上野公園・池之端三丁目

web http://www.tokyo-park.or.jp/park/format/index038.html

柴郡貓登上「上野夏日祭」的舞台

上野動物園
東京都台東区上野公園9-83

web http://www.ueno-panda.jp/
time 09：30 - 17：00（不定休）
price 一般600日圓、中學生200日圓、
65歲以上300日圓（兒童免費入園）
tel 03-3828-5171

國立科學博物館
東京都台東区上野公園7-20

web http://www.kahaku.go.jp/
time 週日～四09：00 - 17:00
週五、六09：00 - 20：00（週一公休）
price 620日圓（18歲以下及70歲以上免費入場）
tel 03-5777-8600

上野之森美術館
東京都台東区上野公園1-2

web http://www.ueno-mori.org/
time 10：00 - 17：00（不定休）
price 依展覽而異
tel 03-3833-4191

日本國立博物館
東京都台東区上野公園13-9

web http://www.tnm.jp/
time 09：30 - 17：00（週一公休）
price 一般票620日圓、大學生410日圓
（18歲以下及70歲以上免費入場）
tel 03-3822-1111

國立西洋美術館
東京都台東区上野公園7-7

web http://www.nmwa.go.jp/jp/
time 週日～四09：30 - 17：30
週五、六09：30 - 21：00（週一公休）
price 一般票500日圓、大學生250日圓
（18歲以下及70歲以上免費入場）
tel 03-5777-8600

東京都美術館
東京都台東区上野公園8-36

web http://www.tobikan.jp/tw/
time 09：30 - 17：30
（每月第一、三週週一公休）
price 入館免費，參觀費依各展覽而異。
tel 03-3823-6921

十分真實的昭和年代街景

還有當時的咖啡廳模樣

位在不忍池旁的「下町風俗資料館」

重回老東京的場景

「下町風俗資料館」

復古風潮正不斷席捲著這個世代，從日本電視劇中特別可以觀察到，像是晨間劇《ひよっこ》（少女的時代）、《とと姉ちゃん》（大姐當家），大正、昭和時代的復古風潮備受關注。想要了解這個時期的老東京歷史，就可以來到「上野恩賜公園」旁的「下町風俗資料館」。

為了將下町庶民的生活、文化及傳統保留予後世而成立的「下町風俗資料館」，1樓重現距今一百年前左右大正時代的長屋，歡迎大家脫鞋入內參觀，可以實際感受到那個時代的下町風情及生活樣貌。2樓則展示以台東區為主的下町地區相關資料及生活道具，也有重現當時和洋風格小酒館的場景和公共澡堂的陳設，十分有趣。

館內可以感受滿滿昭和年代的東京

下町風俗資料館

東京都台東区上野公園2-1

web http://www.taitocity.net/zaidan/shitamachi/

time 09：30 - 16：30（週一公休）

price 一般票300日圓、高中以下學生票100日圓

tel 03-3823-7451

不復存在的萬世橋站

「mAAch ecute 神田萬世橋」

保留車站遺跡的萬世橋

位在「秋葉原站」附近，有一個曾經存在的「萬世橋站」，介於中央線的「神田站」與「御茶之水站」之間，以紅磚建造的萬世高架橋於1912年完工。曾經擔任交通要衝的「萬世橋站」，從1943年封站之後一直到2013年「mAAch ecute神田萬世橋」開幕，才重新開放車站內部的樓梯與月台古蹟讓大家參觀。

與當時的「萬世橋站」一樣，連綿的拱門給人美麗而堅固的印象，從此脫胎換骨的老舊遺跡中，還進駐了許多極具趣味性及大眾化的店家與咖啡廳，可以說是結合了歷史古蹟與新興時尚的商業設施。不僅可以穿梭在高架橋下品味日常生活的居家雜貨，也可以沿著古蹟階梯走向從前的萬世橋月台，感受那個時代的車站風情，因而成為鐵道迷的私藏景點。

mAAch ecute 神田萬世橋
東京都千代田区神田須田町1-25-4

web http://www.ecute.jp/maach
time 商店 11：00 - 20：00
月台、餐廳
週一～六 11：00 - 22：00
假日 11：00 - 20：30
tel 03-3257-8910

進駐許多質感好店

時尚的文青聚集聖地

鐵道橋下的設計職人新據點

「2K540 AKI-OKA ARTISAN」

位於「上野站」與「秋葉原站」之間的御徒町高架橋下，在２０１０年出現了一處新據點——「2K540 AKI-OKA ARTISAN」，以「製作」為主題，聚集充滿設計感與技藝高超的職人所開設的小店，有畫廊、工作室、咖啡廳、店鋪等等。一向給人昏暗印象的鐵道橋下，竟出現了這樣簡潔俐落的空間，立刻引起了大家的注意。

所謂「２Ｋ５４０」是鐵路用語，用以表示從起點「東京站」至此的公里路程距離，而「AKI-OKA」是指秋葉原到御徒町之間，「ARTISAN」則是法語「職人」的意思。

在以電器街聞名的秋葉原、有珠寶之街稱號的御徒町

櫥窗中展現職人的特色

2K540 AKI-OKA ARTISAN
東京都台東区上野5-9

web http://www.jrtk.jp/2k540/
time 11：00 - 19：00（週三公休）
tel 03-6806-0254

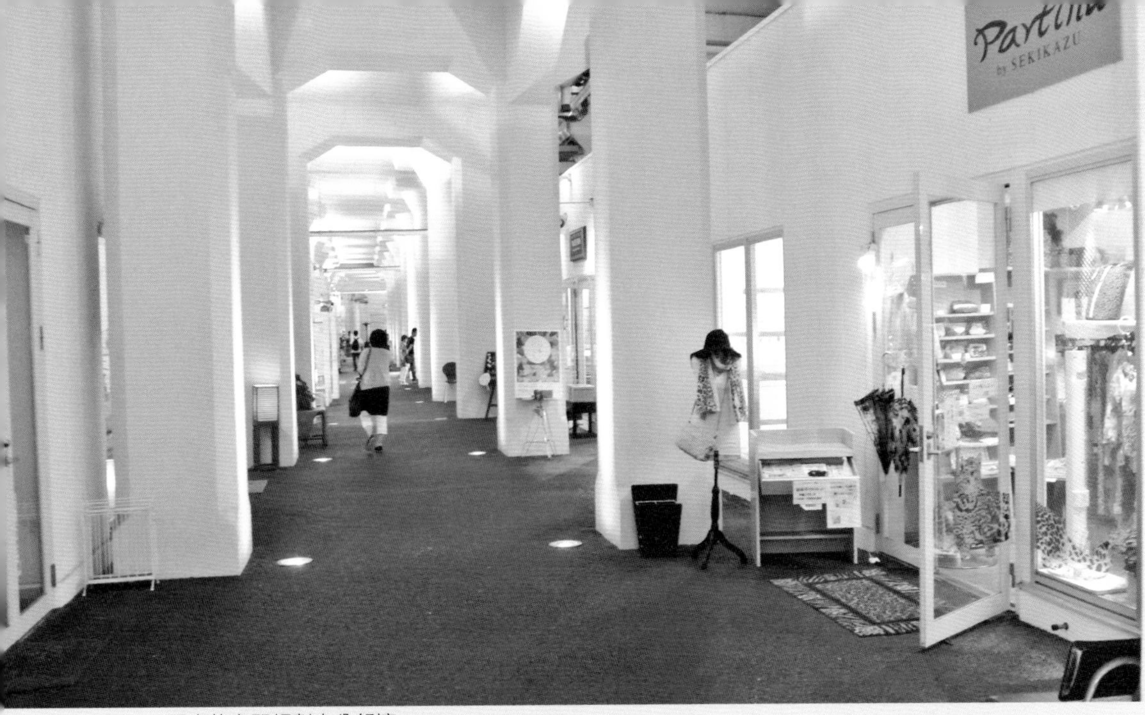

明亮的空間規劃十分舒適

和零售街上野之間的鐵道高架橋下，彙集了日本有質感的各種設計。不論是飾品店、帽子店、鞋子店還是雨傘店，都能發現日本職人精緻的手藝與帶有日本味的設計，喜歡擁有特別的手作小物的朋友，一定要來這裡尋寶喔。

高架橋下竟如此有趣

可愛的吉祥物為你帶路

谷中銀座入口的招牌

展開美好的下町流浪

「谷中銀座」

「谷中銀座」因未受關東大地震與二戰的波及，留下許多當時的樣貌而保有濃厚的江戶氣息。從「日暮里站」一路走過來，首先遇見的是谷中最具代表的「夕やけだんだん」（夕陽階梯），夕陽灑下時的美麗景致令人難忘。走下階梯便是「谷中銀座」商店街，全長約200公尺，規劃成到處可以發現貓咪蹤跡的可愛商店街，隱藏著許多獨特的小店。

「谷中松野屋」是一家雜貨店，日式老平房的門外，整齊地排放著各種木製、竹編和鋁製的生活雜貨用具，質樸中散發出低調卻搶眼的復古魅力。「やなかしっぽや」（谷中尾巴屋）

貓咪意向的大門

復古道具十分有味道的「松野屋」

夕陽階梯美得令人難忘

隨處發現貓咪蹤跡

則是一家以貓咪尾巴為造型的甜甜圈店，可愛的外觀立即吸引了大家的目光，甜甜圈口味還依貓咪的花色命名，十分可愛。暖暖的人情味、綿延的老房子和舊舊的小街道，來到這裡可以體驗庶民生活的種種懷舊風情。

走出商店街轉進大街小巷，都可以發現「谷中銀座」以貓町聞名的特色，各種貓咪形象出現在街景之中。

最特別的還有一家以貓咪藝術品為主題的「ギャラリー猫町」（貓町美術館），不管是繪畫、雕刻、陶藝還是照片等等，展出日本藝術家各種以貓咪為主題的作品展覽。美術館外也以各種貓咪形象打造，彷彿走進「宮崎駿」的《貓的報恩》的世界，溫馨可愛。

貓奴們一定要來到「谷中尾巴屋」

貓尾巴甜甜圈是這裡的名產

展出貓咪主題的畫廊

貓咪迎接旅人拾級而上

谷中銀座
東京都台東区谷中

web http://www.yanakaginza.com/

やなかしっぽや（谷中尾巴屋）
東京都台東区谷中3-11-12

web http://www.yanakaginza.com/shop/sippoya/

time 平日10：00 - 18：00
假日10：00 - 19：00（不定休）

tel 03-3822-9517

谷中松野屋
東京都荒川區西日暮里3-14-14

web http://matsunoya.jp/

time 10：00 - 19：00（週二公休）

tel 03-3823-7441

ギャラリー猫町（貓町美術館）
東京都台東区谷中2-6-24

web http://gallery.necomachi.com/

time 週四～日11：00 - 18：00
（週一～三公休）

tel 03-5815-2293

老屋改建的複合空間十分有味道

享受古民家的悠閒時光

「上野桜木あたり」

隱身在谷根千巷弄裡的「上野桜木あたり」（上野櫻木Atari），是保有江戶時代氛圍、在1938年就已誕生的三棟木造古民家老建築。目前一號建築的1樓是「谷中ビアホール」（谷中啤酒屋），2樓為雜貨服裝小店，二號建築是麵包店「VANER」與橄欖油專賣店「Oshi Olive」，三號館則是舉辦活動的交流空間。

走進「上野櫻木Atari」就能感受到空氣中有別於以往的悠閒氣氛，遊客穿梭在建築之間，喝著有名的谷中啤酒，開心地交談著。同時藉由啤酒、飲食、生活、藝術等多種元素，讓前來一訪的客人，都輕鬆地融入了谷中的日常生活中。「あたり」代表著「這一帶」、「附近」的意思，希望能將谷中附近的店家與住民連結在一起，然後擴展出去，讓更多人能夠喜歡上谷根千這個復古又帶有新意的新名所。

古色古香的日式氛圍

喝杯谷中啤酒放鬆一下午

店內也能舒適地品嚐料理

剛出爐的麵包十分誘人

上野桜木あたり（上野櫻木Atari）
東京都台東区上野桜木2-15-6

web http://uenosakuragiatari.jp/

time 依店家而異（週一公休）

tel 依店家而異

小巧的店內

在下町品嚐日式甜點最合適

位在2樓的舒適空間

夕陽階梯前的和風甜點店

「やなか健真堂」

位在「谷中銀座商店街」入口處旁的「やなか健真堂」（谷中健真堂），從小小的樓梯來到2樓，位在三角窗的位置正好面對著夕陽階梯，整面的窗戶可以窺見商店街的風景。搭配店裡充滿日式風情的裝潢與擺設，小巧的空間處處充滿巧思，鋪上榻榻米坐墊的高腳椅、可愛精緻的裝飾品，讓人感覺好心情。

「谷中健真堂」主要販售日式甜點，像是紅豆麻糬湯、抹茶麻糬湯、串糰子、水饅頭、金平糖等等各式各樣的日式甜點，既可愛又美味，滿足喜愛日式風味的客人。也會依照季節推出創新的菜單，像是夏天會有西瓜風味的串糰子，可愛的外型也成為年輕族群拍照打卡的寵兒。店內也販售許多和風雜貨，在傳統的下町老街裡，一邊品嚐著日本味十足的甜點，一邊挑選可愛的和風雜貨，沒有比這個更滿足的了。

やなか健真堂（谷中健真堂）
東京都台東区谷中3-11-15 2F

web http://www.yanaka-kenshindo.com/
time 11：00 - 19：00（週四公休）
tel 03-4283-5200

錢湯裡的藝術空間

「SCAI THE BATHHOUSE」

湯屋裡面竟是展覽空間

下町老街裡最具代表性的風景之一應該就是錢湯了，有些仍在營業中的錢湯依舊深受在地居民的愛戴，結束一天的疲憊後到錢湯泡泡澡，慰勞自己的辛勞。有些錢湯則被規劃成創新的空間再利用，為日本傳統文化注入新的樣貌。「SCAI THE BATHHOUSE」就是由200年歷史的大眾澡堂「柏湯」所改裝而成的現代美術藝廊。

在這個藝廊內，可以看到即將在世界上展露頭角的日本最新銳的藝術家，以及還沒有被廣泛認識的海外優秀藝術家作品。而外觀與入口處依舊維持著當時澡堂的面貌，復古味十足。踏進展覽空間之後，則有著白色基底的寬廣開放空間，保有既有建築的挑高設計，新舊藝術在此合流，絕對是文藝青年們不容錯過的獨特景點。

SCAI THE BATHHOUSE
東京都台東区谷中 6-1-23 柏湯跡

web http://www.scaithebathhouse.com/ja/
time 12：00 - 18：00（週日、一公休）
tel 03-3821-1144

入口處仍能感受泡湯的氣氛

谷中最潮文化複合設施「HAGISO」

墨黑的店外觀十分特別

彷彿一般民宅般坐落在小公園旁，因外觀漆上墨黑色而顯現出與眾不同。建於西元1955年的木造民宅「萩莊」，曾因老舊面臨被拆除的命運，卻因東京藝術大學的學生在此舉辦最後一場展覽後，意外地廣受矚目，而後經過將近一年的翻修工程，同時擁有咖啡廳、展覽空間、工作室與民宿的複合式空間「HAGISO」，於2013年正式開幕。

在主建築「HAGISO」1樓，是展覽空間「HAGI ART」及咖啡廳「HAGI CAFE」，木造的建築保留了原有的樸實感，咖啡廳總是有許多人慕名而來享用美味的咖哩飯。另外一半展覽空間挑高的設計感覺創新，藝術品的陳設與原有的樑柱交織

老屋改建的複合空間

HAGISO
東京都台東区谷中3-10-25

web HAGISO http://hagiso.jp/
Hanare http://hanare.hagiso.jp/

time HAGISO 08：00 - 10：30
12：00 - 21：00（不定休）
Hanare check in 15：00 -21：00
check out 11：00

tel HAGISO 03-5832-9808
Hanare 03-5834-7301

木造建築帶有溫暖氣息

成美麗的樣貌。走上2樓則是工作室以及紀念品小店「Hanare SHOP」與旅館「Hanare」的check in櫃檯，旅館在距離不到1分鐘的地方，可以在低調沈穩之中細細品味下町自在的復古氛圍。住宿的旅人不僅能在咖啡廳裡吃早餐，還能用附贈的澡堂券前往附近的澡堂，享受最有日本傳統風情的澡堂文化，融入最真實的當地生活中。

挑高的展覽空間別有一番氛圍

日文名字叫「萩荘」

07

清澄白河

KIYOSUMISHIRAKAWA

悠閒下町變身咖啡街新舊共存，咖啡香飄進每個旅人的記憶裡。

清澄白河的懷舊街景

「清澄白河站」有都營地下鐵大江戶線與東京地下鐵半藏門線經過，不算大站的清澄白河，帶有郊區的氣息。不但有從江戶時代保留下來、具有歷史意義且饒富綠意的「清澄庭園」，也有深川老街可以體驗江戶時代的下町風情，一直到幾年前，清澄白河在大家心中只有這樣的定義。

然而自從２０１５年有「咖啡界的Apple」美稱的「Blue Bottle」咖啡廳在這邊展店後，人們漸漸發現「清澄白河站」除了有充滿下町印象的寺廟、復古商店街外，附近許多新店家也都利用原本的工廠建築，重新打造成新穎卻傳承日本生活樣貌的設施，新舊共存成為清澄白河的一大特色。

在此隱藏有許多時髦的咖

公園裡的鐘塔

啡店以及雜貨店，也因此被冠上「東京的咖啡街」的新名號。來自世界各地的咖啡品牌與在地咖啡廳，融合成全新的城市氣息。

從「清澄白河站」下車，可以帶著悠閒的心情漫步其中，沿路上隨意轉進不起眼的一條街裡，都可看到許多保有時代感的建築，時常可以看到手裡拿著相機的朋友們，在此穿梭，捕捉曾經的日常所累積下來的美麗風景。

最喜歡這裡可以走在日式庭園感受歷史的痕跡，又可以融合新的生活形態，在低調又獨特的咖啡廳，細細品味專屬於此的咖啡香。那些老舊的，與那些新潮的，都成為柴郡貓的美好深川日和。

綠意盎然的街景

穿梭時空來到從前的清澄白河

帶著異國風情的深川圖書館

寧靜的日常感

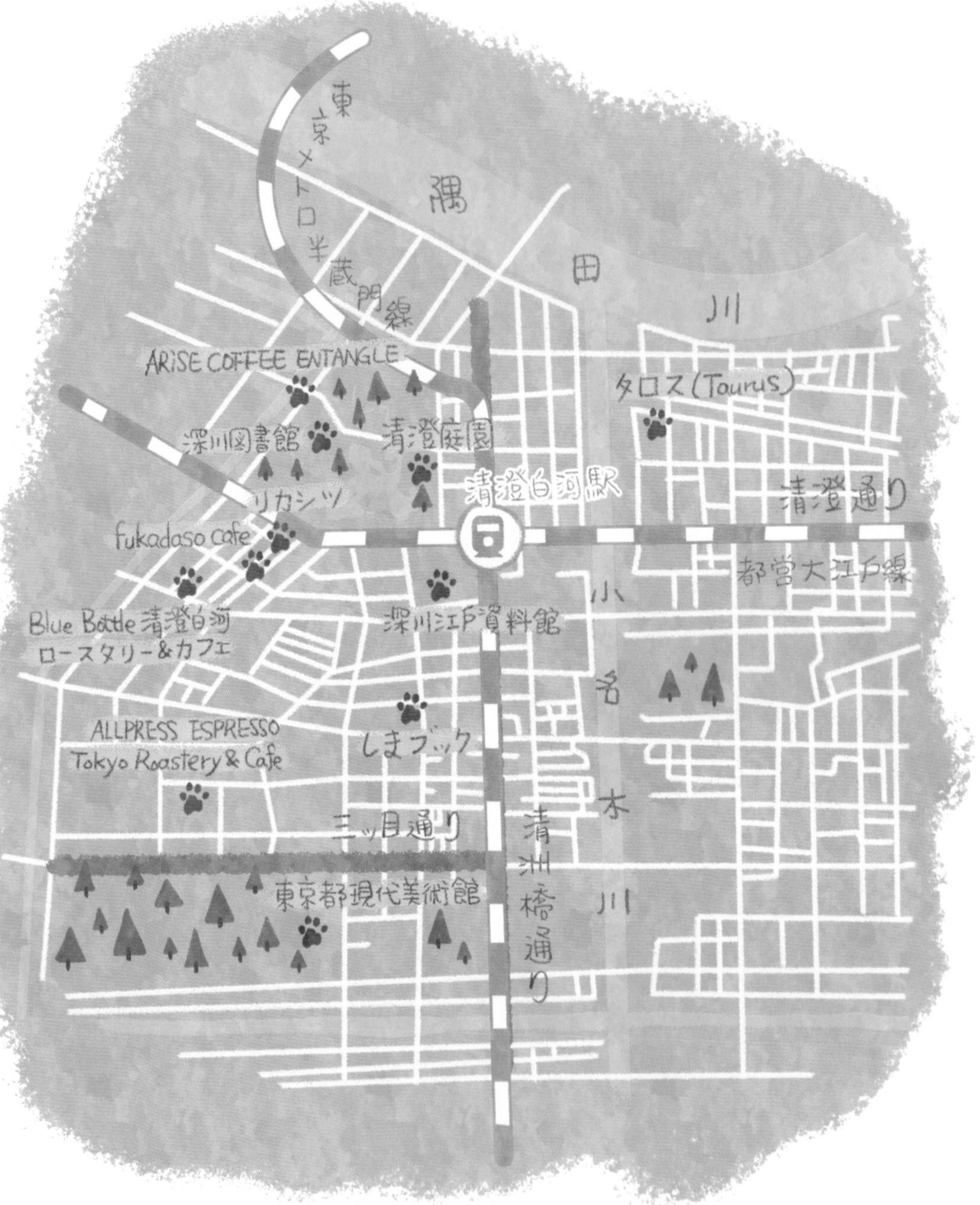
東京メトロ半蔵門線
隅田川
ARISE COFFEE ENTANGLE
タロス(Taurus)
深川図書館
清澄庭園
清澄白河駅
清澄通り
リカシツ
fukadaso cafe
都営大江戸線
小名木川
Blue Bottle 清澄白河
ロースタリー&カフェ
深川江戸資料館
ALLPRESS ESPRESSO
Tokyo Roastery & Cafe
しまブック
三ッ目通り
清洲橋通り
東京都現代美術館

在日本蔚為風潮的「Blue Bottle」

引領東京咖啡街的時尚潮流

「Blue Bottle 清澄白河ロースタリー&カフェ」

來自美國的咖啡知名品牌「Blue Bottle」在2015年選在清澄白河開設了日本的一號店「清澄白河ロースタリー&カフェ」（清澄白河 Roastery & Cafe），使清澄白河這個原以日本下町風情聞名的地區，一躍成為吸引年輕世代前來朝聖的東京咖啡街，為這裡增添了另一種文青質感的樣貌。因為清澄白河一帶與「Blue Bottle」總公司所位在的奧克蘭城市氛圍十分相似，而選擇在此開設了日本一號店，現在東京已拓展了7家分店，每一家店都十分受到歡迎。

融合城市街道本來的工廠建築，挑高而寬廣的空間，搭配純白基底畫上的藍瓶圖樣，十分具有現代工業風格。而店內清爽明亮，從咖啡吧檯到餐點櫃位以及販售周邊的陳設都十分簡單明瞭，亦帶有美式的風格。店內用餐空間隨意搭配共享餐桌，琳琅滿目的咖啡豆單與餐點，滿足內用或外帶的需求。如果店內客滿其實也沒關係，外帶著「Blue Bottle」咖啡到附近公園愜意度過，或許才是旅程中的正確答案呢！

外帶咖啡也印有藍瓶標誌

Blue Bottle 清澄白河ロースタリー&カフェ
（Blue Bottle 清澄白河 Roastery & Cafe）
東京都江東区平野 1-4-8

web http://bluebottlecoffee.jp/cafes/kiyosumi
time 08：00 – 19：00（無休）

感受日式庭園細緻之美

「清澄庭園」

「清澄庭園」入口處

「清澄庭園」是以枯山水、泉水、築山為主題而設計，傳說最早為江戶時代富豪「紀伊國屋文左衛門」家屋的遺跡，明治11年（西元1878年）由三菱集團創辦人「岩崎彌太郎」買下重建，作為招待賓客和慰勞員工的地方。「清澄庭園」以代表明治時代的「回遊式林泉庭園」設計，一入園內便可以循著池塘回遊的路線，一路欣賞日式庭園之美。

園內自然生態十分豐富，從池畔的石疊小徑眺望的美景就是門票上的風景，池內魚、烏龜、野雁、各種野鳥悠遊其中，讓人彷彿來到深山郊外般的舒服。

園內更有許多名石，如伊豆磯石、伊予青石、紀州青石、生駒石、伊豆式根島石、佐渡

園內建築深具特色

門票上所印製的庭園風景

赤玉石、備中御影石、讃岐御影石等，十分具有特色。此外還曾舉辦過大正天皇葬禮的大正紀念館、被選定「東京都選定歷史的建造物」的池上涼亭，都十分值得參觀。

日式庭園寧靜之美

清澄庭園
東京都江東区清澄3-3-9

web http://www.tokyo-park.or.jp/park/format/index033.html
time 09：00－17：00
（12月29日～1月1日公休）
price 大人及中學生150日圓
65歲以上70日圓、小學生以下免費
tel 03-3641-5892

悠閒漫步感受自然魅力

入口像是一般的資料展示館

體驗百分百江戶時代

「深川江戶資料館」

位在「清澄白河站」旁的「深川江戶資料館」，從外觀看起來像是很平常的資料展覽室，擁有5層樓高的空間，其實別有洞天。「深川江戶資料館」除了收藏了江戶時代的相關文史資料、介紹年代的演進歷史及當時深川的生活之外，更將江戶末期的深川佐賀町的街道以實物尺寸重現於館內。

3層樓高的空間裡可以看到當時的街景，有當時燈塔與運河船舶的場景，更有熱鬧的商店街，詳細設定居民的家族成員、職業、年齡等，且擺放有符合各種生活狀態的生活用品。特別的是用燈光和音效呈現出一天的光景變化，並依照季節更換展示內容，能觀賞到一整年的景致。走在其中真的有一種穿越時空來到

1樓展示著在地文史資料

深川江戶資料館
東京都江東区白河1-3-28

web http://www.kcf.or.jp/fukagawa/
time 9：30－17：00
（每月第二、四週週一公休）
price 成人400日圓、小學和中學生50日圓
tel 03-3630-8625

還原當時的日常生活

江戶時代的感覺，場景陳設之中還有許多互動的小驚喜藏在其中，十分有趣。來到清澄白河，一定要先來這裡感受從前的樣貌，相信會為這趟旅程帶來更多層次的感動。

地下室別有洞天

穿越時空回到江戶時代

打造從前的深川街景

品嚐一杯在地飄香的咖啡
「ARiSE COFFEE ENTANGLE」

店外環境

對於咖啡迷來說，這家「ARiSE COFFEE ENTANGLE」絕對一點都不陌生，位在清澄白河的「ARiSE COFFEE ENTANGLE」可說是最受到當地大人、小孩喜愛的自家烘培咖啡專賣店。其實這裡有兩家店，本店是「ARiSE COFFEE ROASTERS」，因店面較小，主要是烘豆的空間，提供豐富的咖啡種類，也提供外帶咖啡，來到這裡就好像到店長自己的房間作客般，牆上裝飾著各種滑板，是老闆的私人興趣，也讓人感覺親近舒適。

另一家則是「ARiSE COFFEE ENTANGLE」，在彷彿藝術家工作室的空間中，多了可在店內享用的寬敞座位，咖啡以多明尼加與衣索比亞等產地的

店內環境彷彿工作室般自由

ARiSE COFFEE ENTANGLE
東京都江東区清澄3-1-3

web http://arisecoffee.jp/
time 09：30－18：00（週一公休）
tel 03-5875-8834

店內有許多藝術作品

咖啡豆為主，店內隨時都供應6到7種的單品豆，更提供新鮮的三明治與在地店家結合的經典甜點，美味程度不輸主打的咖啡。體驗清澄白河的日常生活，就從「ARiSE COFFEE ENTANGLE」開始，享受飽足的元氣早餐後再出發吧。

每日豆單供客人選擇

人氣三明治搭配單品咖啡

乍看以為是廢棄工廠

舊廠房裡重生的雜貨咖啡
「fukadaso cafe」

這棟「深田莊」是已經有50年歷史的公寓兼倉庫，清澄白河附近有很多像這樣的倉庫或工廠，散發出濃濃的懷舊氣息。原本差點面臨被拆除的命運，但經由創意團隊改造，成為結合咖啡廳、創意品牌進駐的複合空間。1樓是空間寬敞的「fukadaso cafe」，旁邊有長長的階梯通往2樓，出

咖啡廳店內溫馨

保留建築原有氛圍

咖啡廳吧檯座位

現在眼前的則是有如晨間劇《ひよっこ》（少女的時代）中的宿舍場景，老舊的木造裝潢隔出一間一間的小房間，現在進駐了各種有趣的店家，豐富了「深田莊」的色彩。

走進1樓的咖啡廳「fukadaso cafe」，挑高寬敞的空間保有前身倉庫的味道，特意留下許多倉庫的元素與老舊的家飾品，讓客人可以細細品味曾經屬於這裡的故事。店裡供應手工甜點及來自鄰居「ARiSE COFFEE」的咖啡，店內更不定期策劃展覽，是個十分有藝術氣息的空間。

被多家媒體雜誌採訪的「fukadaso cafe」也是日劇、MV熱門的取景地，深受各界喜愛。

司康搭配熱摩卡展開美好午茶時光

fukadaso cafe
東京都江東区平野1-9-7 深田荘101

web　http://fukadaso.com/
time　週一、四、六、日13：00－18：00
週五13：00－21：30（週二、三公休）
tel　03-6321-5811

店內挑高寬敞，感覺舒服

早餐盤營養豐富美味

木造建築引人注意

來自紐西蘭的咖啡品牌

「ALLPRESS ESPRESSO Tokyo Roastery & Cafe」

如果說清澄白河一帶彙集了世界的好咖啡真是一點也不為過，除了在地獨創特色咖啡廳、聞名世界的美國品牌「Blue Bottle」，更有來自紐西蘭的「ALLPRESS ESPRESSO」。距離車站雖然遠了一些，卻像是隱身住宅區裡的咖啡廣場。時尚的外觀瞬間吸引了大家的目光。由木材工廠改建的空間，前半區是咖啡廳空間，包含開放的吧檯空間及少數的內用座位。

在吧檯後方以大面玻璃隔開的是直達2樓高度的烘豆機，超過店裡一半大的區域其實是烘豆製豆的工作室空間，來到店裡的客人都能感受到專業的製豆過程。店內除了種類豐富的咖啡選項，更提供紐西蘭風格的早午餐，不管是吐司、貝果、三明治系列，新鮮又分量十足，更搭配新鮮現做果昔，提供一天的營養能量。

各種咖啡滿足旅人味蕾

ALLPRESS ESPRESSO
Tokyo Roastery & Cafe
東京都江東区平野3-7-2

web http://allpressespresso.com/
time 週一～五08：00－17：00
週六、日09：00－18：00（無休）
tel 03-5875-9392

理科雜貨好療癒

「リカシツ」

店內充滿理科玻璃製品

延續深田莊的復古魅力

理科雜貨為居家帶來療癒感

理科與雜貨結合的新名詞

日本的雜貨種類繽紛多樣，不管是復古風還是田園風都讓人愛不釋手，推陳出新的雜貨風格也讓人驚喜連連。位在「深田莊」裡的「リカシツ」（理科室），在原本是倉庫的空間中，擺放裝飾著以前實驗課時出現的燒杯、試管等各種玻璃製品，彷彿真的走進了理科教室一般，懷念之情一湧而上。

原來「理科室」是一家結合理科與裝飾品的家飾雜貨店，主要販售各式理科的玻璃製品，搭配性豐富、功能性又強，不管是當作盆栽容器、裝飾品或是雜物收納都十分適合，也讓居家生活多了一些趣味。是不是怎麼也沒想到理科與雜貨竟然可以結合出如此獨特的家飾風格呢？

リカシツ（理科室）

東京都江東区平野1-9-7 深田荘102

web http://www.rikashitsu.jp/

time 平日13：30－18：00　　tel 03-3641-8891

六日13：00－18：00（不定休）

展現清澄白河的生活態度

隨意擺放生活相關選書

融入當地的二手書店

屬於地方的古書店
「しまブック」

在清澄白河的商店街裡，一家小巧的書店靜靜地將書點綴其中。「しまブック」（島嶼書店）不像是神保町的古書店一般，專門收藏專業領域的二手書籍，它就像是大家的好鄰居，把生活所需要的知識輕巧地擺進店裡，小小的書店裡販售的都是老闆對當地居民的溫暖心意。

店裡有一部分是為小朋友準備的童書繪本，有一部分是媽媽們需要的料理食譜，還有一些文庫小說讓上班族在通勤時可以閱讀，原來從一個書店就可以觀察到一個地方的族群與生活型態，還有老闆對這個地方的解讀，真是有趣。下次到一個陌生的地方，或許可以逛逛古書店，觀察閱讀這個地方的故事。

店內小巧精緻

しまブック（島嶼書店）
東京都江東区三好2-13-2

web http://kotomise.jp/shops/しまぶっく/
time 12：00－19：00（週一公休）
tel 03-6240-3262

宛如倉庫的店外觀

藏在倉庫裡的古著寶藏

「タロス」

在「清澄白河站」的另外一頭，沿著河堤旁大多是住宅及工廠的區域，有一家彷彿穿越時空來自70、80年代的倉庫空間，門口擺放著二手的傢俱雜貨，看起來像是那個年代某戶人家正在舉辦車庫二手拍賣一般。「タロス」（Taurus）就是這樣名符其實的古著雜貨店，不僅是二手服飾，從玩具、擺飾到傢俱都充滿著懷舊復古的年代感。走進店裡，幻想著自己走進電影《回到未來》的電影場景，只是我們回到的是過去。

古著雜貨比起一般的古著店更有趣，需要花許多時間翻翻架上的老物件，許多寶藏正等著被你帶回家呢！古著不管男裝女裝或是童裝種類齊全，柴郡貓更有興趣的是那些年代久遠的玩具，以及被使用過的生活用品，充滿著故事，彷彿正準備說給我聽。

タロス（Taurus）
東京都江東区常盤2-1-17

web http://www.618-ganz.com/links_t/taurus.html
time 13：00－19：00（週三公休）
tel 03-6659-3304

藏了好多有趣的老物寶藏

08

淺草、藏前

ASAKUSA、KURAMAE

在最經典的東京下町裡漫步，懷舊與潮流融合的職人之街。

淺草可說是最受觀光客歡迎的地區，「淺草站」共有4條地下鐵經過，包含東京地下鐵銀座線、都營淺草線、東武鐵道和筑波快線（つくばエクスプレス），從成田機場更能搭乘京成電鐵直達，交通十分便利。淺草一帶曾是江戶時代東京最繁華的地方，以具有悠久歷史的「淺草寺」為中心發展，因此現在有著濃厚的下町風情。從「雷門」到熱鬧非凡的「仲見世通」，再一路到「淺草寺」參拜，一直都是觀光客必訪的人氣行程。2012年隨著隅田川的對岸、高634米的電波塔「晴空塔」的誕生，為傳統與現代融合的街道增添了不同的風景，淺草開始了一個新的時代。

「淺草寺」怎麼都逛不膩

即使去了東京再多次，每次還是會來到淺草走走晃晃，若是第一次來，可能非到「淺草寺」到此一遊不可，然後登上「晴空塔」換個角度鳥瞰下町風景。但這裡的魅力不僅於此，還可以重返赤子之心，一探日本最古老的「淺草花屋敷遊樂園」、七大福神的神社老街巡禮、復古咖啡廳再發現或是捕捉晴空塔各種角度的最佳拍照景點等等，各種行程怎麼樣也不會膩。

淺草周邊的「藏前站」一帶，本來是工廠聚集的地區，同時也是人們口中的職人之街。隨著年輕勢力進駐，發展出充滿設計質感與文藝氣息的逛街散步路線，不論是獨具特色的民宿旅店、設計師風格服飾雜貨店、融合新舊世代文化的文具店、隱藏版的文青咖啡廳，琳琅滿目的街道風景，讓人流連忘返。

河畔對岸的「晴空塔」與「朝日大樓」

還記得第二次的東京旅行特別把住宿訂在淺草附近，每天就是在淺草周邊閑晃，逛遍了每條商店街，感覺好愜意，有種身體裡的老靈魂回到故鄉的安心感。最讓柴郡貓興奮的還有不同時期都能遇到在地十分具代表的祭典活動，像是「淺草寺」的「金龍之舞」與七大福神之一「鷲神社」的「酉之市」，都能感受日本寺廟祭典文化的魅力。

對我來說，淺草是最能代表東京傳統文化的象徵，也是柴郡貓最喜歡的下町街區。

「淺草寺」的金龍之舞祭典

藏前質樸的街景

一定要來體驗日本傳統祭典的魅力

清洲橋通り
合羽橋本通り
合羽橋道具街
鷲神社
浅草駅
OSTEL TOKYO
花屋敷遊園地
ローヤル珈琲店
ェラス
浅草寺
言問通り
浅草駅
仲見世通り
馬道通り
吾妻橋
江戸通り
吉野通り
今戸神社
助六夢通り
東武スカイツリーライン
言問橋
橋場通り
隅田川
東京スカイツリー
リー駅

Carmine shop
鳥越神明通り
蔵前小学校通り
inkstand by kakimori
カキモリ
蔵前駅
蔵前橋通り
御蔵前通り
結わえる
Nui. HOSTEL & BAR LOUNGE
国際通り
つくばエクスプレス線
東京メトロ銀座線
浅草通り
厩橋
from afar 倉庫01
駒形橋
清澄通り
都営大江戸線
春日通り

店內和洋風格十分有年代感

Angelus經典巧克力蛋糕捲

歷史悠久的復古咖啡廳

文豪漫畫家的祕密基地

「アンヂェラス」

淺草一帶因歷史悠久，有許多充滿年代故事的復古咖啡廳，其中「アンヂェラス」（Angelus）更是超過了70年的歷史，從戰後開始經營販售洋菓子。當時喫茶店仍是十分罕見的年代，一直到現在已經是第三代經營。店名的由來是來自教堂祈禱的鐘聲，因此店內裝潢以教堂為概念，在當時就走在時代尖端，是雜誌模特兒熱門的拍照場景。

走進店內是3層樓的木造建築，都是從以前就保留下來的，特別能感受從前的喫茶店氛圍。桌上可以看到許多漫畫家的簽名與畫作，像是「手塚治虫」、「馬場登」等，原來這裡可是當時許多作家與漫畫家聚集的咖啡廳，老闆發明的梅酒咖啡是他們的最愛。蛋糕櫃裡各式各樣的蛋糕中，最有名的應該是用店名取名的巧克力蛋糕捲「アンヂェラス」（Angelus），已經販售了50幾年，是許多老饕才知道的伴手禮首選。想要感受昭和時代的高級喫茶店氛圍，記得點一杯咖啡配著復古老味道一起享用。

アンヂェラス（Angelus）
東京都台東区浅草1-17-6

web http://www.asakusa-angelus.com/

time 11：00 - 21：00（週一公休） tel 03-3841-9761

在喫茶店吃早餐

「ローヤル珈琲店」

店外觀十分具有懷舊風情

店內更是復古喫茶店氛圍

招牌熱三明治

這家創業在1962年的老店「ローヤル珈琲店」（Royal咖啡店），可是十分有名氣，許多電視節目都曾經介紹過。究竟有什麼樣的魅力呢？

走進店裡，可以感受到復古又沈穩的氣息，時間的流動在這裡好像變得緩慢，店內多是當地的居民，有看起來十分有年代感的老伯伯，也有穿著和服前來小憩的氣質美女，彷彿停留在50年前的昭和場景一般。

店內除了自家烘培的咖啡種類豐富，一定要品嚐的就是熱三明治與烤土司的早餐套餐了。因為日本不像台灣連鎖早餐店林立，如果想吃到鬆軟又熱呼呼的烤土司，就要來到像這樣的喫茶店。

而這裡的熱三明治更上過《どっちの料理ショー》（料理東西軍）節目，因而成為店內的人氣餐點，也最能代表從以前延續到現在的喫茶店早餐文化。一定要吃早餐才能展開一天的生活的朋友，千萬不能錯過這樣幸福的早餐時光。

ローヤル珈琲店（Royal咖啡店）

東京都台東区浅草1-39-7

time 07：20 - 20：00（無休）

tel 03-3844-3012

繪馬也設計成招財貓樣式

正殿裡的招財貓十分吸睛

入口處的鳥居

招財貓的發源地

「今戶神社」

「今戶神社」是淺草七福神的神社之一，也是以今戶燒以及招財貓的發源地聞名的神社。傳說有位老婆婆養了一隻貓，因經濟拮据只好與愛貓訣別，當天夜晚，夢中貓咪托夢告訴婆婆說：「按照我的樣子燒成陶瓷，必會招來好運。」老婆婆醒來後便按照貓的樣子做成陶器雕像，在今戶開店販售，後來果真如貓所說，生意興隆、好運連連，這也是大家口耳相傳招財貓與今戶燒的由來。

一到神社門口就可看見滿滿貓咪的蹤跡，從神社到繪馬、從御守到姻緣籤，旁邊還有一間滿滿都是貓咪的社務所。雖然是招財貓的發源地，但是現在的今戶神社裡供奉的是掌管幸福、高祿、長壽，七福神之一的福祿壽神，正殿旁坐著兩隻很大的貓咪，分別是伊奘諾尊（男神）及其配偶伊奘冉尊（女神），這兩尊就是守護神社的招福貓，旁邊還有兩隻石雕招緣貓，正是年輕女性之間口耳相傳祈求良緣的招緣貓。此外還流傳著只要誠心膜拜、摸摸祂們後，把祂們的照片當成手機桌面就可以招桃花的都市傳說，「今戶神社」已經成為少女們祈求良緣的人氣景點。

今戶神社
東京都台東区今戶1-5-22

time 09：00 - 17：00　tel 03-3872-2703

訂做獨一無二的手札

「カキモリ」

低調沈穩的店外觀

難得一見的質感文具

現場訂做筆記本

拿著書本閱讀、拿著筆寫字、翻開筆記本記下重要的事情，在這個實體逐漸式微的時代顯得有點困難，還好仍有一群人堅持著這些手心裡的溫度。位在藏前的大馬路旁，「カキモリ」（kakimori）堅持傳達書寫的愉悅，並且想要保有日本既有的職人技術並傳承下去，所以創造了一個這樣的空間。

店內除了販售有質感的文具用品，最大的特色是可以訂製一本專屬於自己的筆記本。依序從店內所準備的素材中選擇喜歡的筆記本尺寸、封面的書皮與內頁，並在訂製單上註記一些裝訂細節，稍作等待即可拿到世界上僅有一本的筆記本。店內也提供燙金印字的服務，最多可印14個英文字母，但製作須等待3週左右的時間。一直以來都有使用筆記本習慣的柴郡貓，覺得這樣的溫度是無法取代的，如果你也想重拾書寫的感動，或許「kakimori」能和你創造更美的回憶。

カキモリ（kakimori）　東京都台東区三筋1-6-2

web　http://kakimori.com

time　11：00 - 19：00（週一公休）　tel　050-1744-8546

調製屬於自己的色調

愛寫字的文青一定要來朝聖

由「kakimori」經營的品牌

墨水也能訂製專屬色調

「inkstand by kakimori」

最近重新掀起風潮的鋼筆字風潮，讓大家對書寫有了不同的定義，而這家「inkstand by kakimori」也讓墨水多了無限的可能性。這裡其實是「kakimori」共同經營的品牌，喜愛手寫文具的朋友，可以在訂製完筆記本之後來到隔壁的「inkstand by kakimori」訂製自己想要的墨水顏色，真是文青力十足的行程。

從玻璃窗望進去，就可以看到各種色調的墨水一字排開在簡約明亮的吧檯上，乍看之下還以為這裡是一家高級的飲料店呢。店內提供的是由美國「Provate Reserve Ink」出產的墨色，有16個小瓶依深淺色調整齊排列。調製專屬墨水的第一步，便是從中挑選2至3種作基調，接著按比例滴入小燒杯中，用玻璃棒攪伴混和，再以玻璃筆沾墨試寫顏色。調配完成後交給店員進行製作，約需要30分鐘的時間。最後，訂製的墨水會連同註明墨水比例和日期的卡片一起送到手中，還可以幫自己創造的墨水顏色取名呢！

inkstand by kakimori
台東区蔵前4-20-12 クラマエビル1F

web　http://inkstand.jp/
time　11：00 - 19：00（週一公休）　tel　050-1744-8547

各種新潮的設計包款

童趣皮件設計職人

「carmine Shop」

工作室兼營小巧店面

可以現場訂做想要的風格

從「藏前站」走過來約10分鐘的「carmine Shop」，佇立於寧靜的小巷轉角，小小的房間裡好像有什麼正閃閃發光，原來這裡是由兩位充滿童心的設計師所共同經營的手工皮件專門店。這裡的商品從原料到製作全都是東京製造，獨具創意的設計與觸感絕佳的皮革結合處處充滿驚喜。不僅在日本國內相當有人氣，更在美國紐約的博物館商店內販售，風靡海外。

各種結合動物圖樣的童趣皮件及配飾，有種青春洋溢的氣息。除了架上現有的商品，如果想要特製自己的配件，也可以選出自己喜歡的皮革樣式及配飾，店家就會特製出獨一無二的皮革小物。從卡夾、化妝包、筆袋到皮夾等應有盡有，而這裡的皮革小包及長夾都很受到大家喜愛，柴郡貓也忍不住帶了一個回家。另外也有可愛的插畫別針令人愛不釋手，深深吸引擁有赤子之心的人們。推薦給喜歡童趣設計、並想擁有獨特風格的你。

carmine Shop　東京都台東区小島2-7-6

web　http://carmine.co.jp/

time　2018年11月全新開幕　tel　03-6662-8754

熊手招來生意興隆

「鷲神社」

平常的「鷲神社」風景

「鷲神社」從江戶時代起，作為保佑生意興隆的神社而遠近聞名。在每年11月舉辦3次的「酉之市」是祈求來年財運亨通、保佑生意興隆的祭典盛會，而每年在東京都內舉行的「酉之市」多達十幾處，但「鷲神社」的「酉之市」，約有150家販賣能帶來好運和財富的竹耙「熊手」的店鋪與750家露天攤販，來訪人數每年多達70～80萬，號稱是日本規模最大的「酉之市」。

一進入「鷲神社」，被滿滿的熊手給占據，熊手上裝飾著面具、米袋、鯛魚、金幣等，根據裝飾物的類型，各自代表著提升財運或開運等等的意思，所以也隱含著用熊手將這些好運都大把大把地抓進來，也是「酉之市」

寺內有名的女丑臉譜

「酉之市」熱鬧的場景

「酉之市」搖身一變熱鬧祭典

最具代表的風景。不妨試試為新的一年祈求熊手擺放在家中或店裡，而且據說一年要擺的比一年大才有節節高升的意味。現場特有的叫賣與祈願方式非常熱鬧，喜歡日本祭典的朋友絕對不能錯過。

展示神社內收藏品

鷲神社
東京都台東區千東3-18-7

web http://www.otorisama.or.jp/
time 09：00 - 17：00
tel 03-3876-0010

販售熊手攤販林立

商店街一角時尚的街景

時尚居酒屋旅店
「BUNKA HOSTEL TOKYO」

在淺草熱鬧的商店街裡，隱藏著許多驚喜，像是這家明亮清新的空間，立刻吸引了大家的目光。整面的開放式落地拉門搭配整面的清酒牆，門口掛著大大的燈籠，充滿時尚的設計感，這裡是開幕不到3年的時尚旅店「BUNKA HOSTEL TOKYO」，交通及生活機能便利，短短的時間內就成為十分受到關注的新興旅店。

1樓規劃居酒屋餐廳與check in櫃檯，開放的空間也提供住客以外的人使用，以清酒為主提供各種酒單選擇，美味的餐點及下酒小菜非常受到歡迎。2樓到7樓則是住宿空間，以單人單床的空間規劃，平價又舒適，另外更規劃女生限定樓層以及家庭取向的房型，不管是一個人旅行或是團體旅行，都能入住。公共空間明亮寬敞、使用便利，也是遊客們十分喜愛的原因之一。如果你也喜歡體驗各種特色旅店，一定要來住住。

宿舍房內清爽明亮

清酒堆成富士山

時尚居酒屋風格的大廳

雞肉鬆拌飯套餐十分道地

BUNKA HOSTEL TOKYO
東京都台東区浅草1-13-5

web http://bunkahostel.jp

time check in 16：00

check out 11：00

tel 03-5806-3444

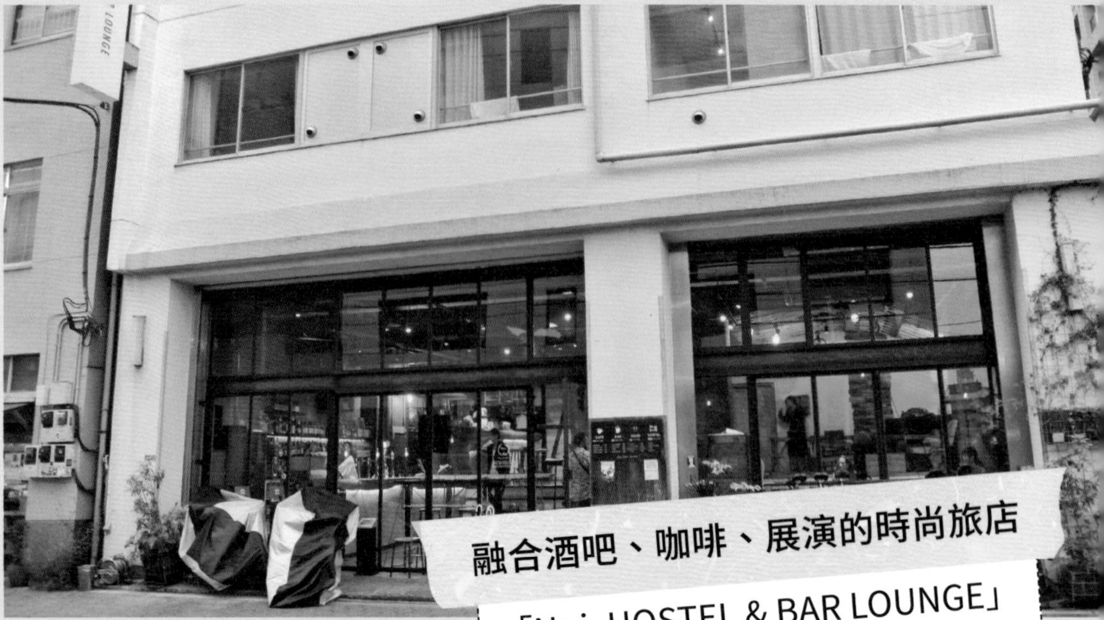

融合酒吧、咖啡、展演的時尚旅店

「Nui. HOSTEL & BAR LOUNGE」

倉庫改造的設計旅店

2012年在東京藏前的「Nui. HOSTEL & BAR LOUNGE」，在時尚旅店興起的初期開幕，一下子便吸引了大家的注目，也成為人氣經典的代表，不僅在東京有2家分店，更在京都也開設新據點。

「Nui. HOSTEL & BAR LOUNGE」座落在下町街道裡遠離熱鬧的街區，這裡比較像是工廠聚集的區域，外表也看起來像是某個工廠的大樓，裡面卻是善用工業風打造而成的時尚設計旅店。伴隨著藏前職人之街各種特色店家的進駐，這個區域散發出充滿溫度的質感生活氣息。

「Nui. HOSTEL & BAR LOUNGE」把古老玩具公司的倉庫重新改造，混合工業風與自然系的裝潢，將店面打造成有復古

木造搭配工業風，設計文青感十足

Nui. HOSTEL & BAR LOUNGE
東京都台東区蔵前2-14-13

web http://backpackersjapan.co.jp/nuihostel

time check in 16：00 - 23：00
check out 11：00

tel 03-6240-9854

大廳公用空間十分寬敞舒適

質感的大片落地窗，且吧檯與座位區用木頭裝飾，希望打造一個來自世界各地的旅人都能輕鬆交流的場所。白天是咖啡廳，提供咖啡跟輕食的販售，晚上則化身為酒吧，偶爾還有音樂演出在這裡舉辦，非常有氣氛。

除了單人單床的選項，也有雙人床的個室空間，十分舒適。上下鋪的床位使用工業風格的棧板設計，睡起來很舒適也很有味道。公用空間從廁所衛浴到公用廚房、交誼廳，都能感受到旅店整體一致的設計風格，第一次感受到這麼一家把工業風與生活溫度融合得如此恰到好處的空間。

在咖啡廳用餐享受美好一天的開始

樓上的公用空間別具浪漫巧思

店內陳設許多老物件

宛如法式甜點的無花果塔

隅田川另一邊的隱祕空間

倉庫變身藝術空間

「from afar 倉庫01」

走過駒形橋，來到隅田川的另一邊，這裡比「藏前站」附近的街道更加寧靜。「from afar 倉庫01」隱身在河邊的巷弄中，顯得低調而安靜。這裡是由台灣人經營的複合空間，老闆把原本只打算用來當倉庫的空間，發揮美感與創意，打造成結合花店、古董、選物的咖啡藝廊複合式空間。店裡擁有獨特的優雅氣息，也讓「from afar 倉庫01」多次登上日本生活風格雜誌特輯版面。

一進門，溫暖色調的燈光搭配著花店工作區域隨意擺放的花藝，瞬間心情都放鬆了起來，店內空間寬廣愜意，有適合三五好友的沙發區，也有能夠享受一個人寧靜的閱讀區，加上店內擺放許多藏書及古道具，都為倉庫增添許多藝術的氣息。店裡也販售許多有趣的小東西，在點完餐之後不妨四處逛逛，會發現許多可愛的驚喜。店內販售來自台灣的茶品，香氣高雅，深受當地日本人的歡迎。甜點出乎意料地精緻細膩，彷彿藝術品一般讓人捨不得吃下肚。

from afar 倉庫01
東京都墨田区東駒形1-1-9

web http://www.fromafar-tokyo.com/
time 12：00 - 19：00（週一公休）

帶著濃濃的日本傳統氛圍

有如老雜貨店的裝潢

代表日本食文化的醃漬醬菜

傳統的玄米美味生活型態

「結わえる」

距離「Nui. Hostel & Bar Lounge」幾步路的地方，有一家堅持傳統日本美食生活型態的複合餐廳「結わえる」（Yuwaeru），走進店裡先看到的是彷彿傳統雜貨店的空間，擺放著各種來自日本各地的傳統食材，有醬菜、味噌、玄米等由店家精心挑選的商品，逛一圈就可以展開一場日本餐桌上的旅行。

而另一邊則是餐廳空間，店家主打發酵玄米主食搭配各種傳統食材，讓生活忙碌的現代人重回傳統食文化的美好。午餐菜單有可供自由選擇的兩菜一湯或三菜一湯的糙米定食，也提供外帶便當服務。晚上則供應包含純米酒、濁酒、汽泡類日本酒、生啤酒等等，以及強調日本特色與季節變化性的正宗日本和食。為了推廣在家也能品嚐發酵糙米的美味，這裡也不定期舉辦「發酵糙米炊飯教室」，更販賣菜單中的食材讓客人買回家自己動手做，希望日本傳統食文化重新回到大家的生活之中。

結わえる（Yuwaeru）　東京都台東區蔵前2-14-14

web　http://www.yuwaeru.co.jp/

time　平日11：30 - 14：30、17：30 - 23：00

假日11：30 - 14：30、17：00 - 22：00（週日公休）

tel　03-5829-9929

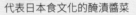

09

特別篇

入住質感設計旅店，
開啓旅人日常。

體驗各種住宿也是一種旅遊的享受

旅行途中，除了景點的安排，選擇住宿的地點也是享受旅人生活中非常重要的一環。說起日本的住宿，有些人喜歡連鎖飯店的舒適便利，有些人喜歡日式旅館去感受和風氣息。而柴郡貓喜歡入住平價超值又能感受在地文化的旅店。

大家對日本的膠囊旅館應該不陌生，一個人入住一個床位，雖然沒有自己的房間，卻也擁有私人空間，十分特別。以前大家對膠囊旅館的印象或許是廉價又難住，但近幾年時尚有質感的設計旅店（Guest House、Hostel）興起，融合了舒適的飯店公用空間與膠囊旅館單人單床位的形態，成為旅人們的新寵。

這樣的設計旅店激增，更結合各種主題碰撞出不同的火花，像是音樂、展覽、居酒屋、書店等針對不同族群打造的設計旅店，光是入住就是一個美好的旅行體驗，在這邊分享幾間柴郡貓入住過有趣的特色旅店，今夜你想要住哪一間呢？

單人單床位是膠囊旅店的延伸

住進書櫃裡的特色旅店

被書海包圍的奇幻夜晚

「BOOK AND BED TOKYO」

位在「池袋站」旁的「BOOK AND BED TOKYO」，隱身在商業大樓的7樓，以「能夠入住的書店」為主題在2015年開幕，立即引起所有書迷的注意。由備受國內外矚目的建築師「谷尻誠」和「吉田愛」設計，採用將床鋪嵌入巨大書櫃之中的獨特設計，彷彿鑽進書櫃裡說晚安，天花板上也有飛天書裝飾，十分具有童趣。

店內的書籍由澀谷的書店「SHIBUYA PUBLISHING & BOOKSELLERS」負責提供，以「有書生活」的概念經營。從觀光、商務、文學到雜誌等種類豐富的藏書齊聚一堂，即使沒有入住也可以以時間計費，在午茶時間使用這裡的交誼空間看看書，不管入住或看書都以信用卡支付。如此特別的經營模式，也讓各國的旅客躍躍欲試，目前已有池袋本店、淺草店、新宿店、京都店、福岡店等5家據點，想體驗文青的異想世界的你，千萬別錯過。

單人床位的空間

飛天書的設計彷彿電影場景

眺望池袋的夜景

隱祕的服務櫃檯

BOOK AND BED TOKYO
東京都豊島区西池袋1-17-7

web http://bookandbedtokyo.com

time check in 16：00
check out 11：00
午茶時間 13：00 - 20：00
（每小時540日圓）

隱身日本橋的特色旅店

體驗日式圍爐的食宿

「IRORI Hostel and Kitchen」

位在下町氛圍濃厚的「日本橋站」附近，「IRORI Hostel and Kitchen」打造了充滿日本文化的住宿體驗。走進大廳，彷彿日式食堂的空間，十分溫馨。除了有吧檯區、沙發區，更有日式圍爐體驗區。而取名為「IRORI」，正是傳統日式圍爐「囲炉裏」的發音，是時常在日劇裡可以看到的插著烤魚的場景。這裡是希望來自海外的旅客可以一起圍爐暢談，經由享用日本料理或食材，體驗日本感滿點的場所。

在櫃檯後方的黑板上更註明了旅店內使用的傢俱來源地，以及日本地方文化魅力所在，提供另一種特別的旅遊資訊。

2樓到5樓是住宿空間，有上下鋪及單人床可供選擇，單人床的床型用布簾隔出彷彿單人房的空間，相較於一般Hostel的上下鋪空間，床鋪更加寬敞，也可將自己的行李放置在床旁邊的空間。此外也有女性專用樓層，住起來十分舒適安心。

1樓的餐廳空間除了可以品嚐店家推薦的傳統日式料理與各種日本酒，入住的客人還可以自己到超市選購食材，使用廚房空間料理，體驗日本在地生活。

可以享用日式圍爐料理

住宿樓層空間

住客可以自由使用廚房料理

IRORI Hostel and Kitchen
東京都中央区日本橋横山町5-13

web http://irorihostel.com/
time check in 16：00 - 22：00
check out 11：00
（餐廳18：00 - 23：00）
tel 03-6661-0351

單人床型空間也寬敞

寧靜的文青質感旅店
「Hotel Graphy」

帶有異國風情的文青旅店

位在谷根千中的「根津站」附近，步行約5分鐘的距離，也可以選擇在「上野站」步行過來，雖然比較遠，但可以享受穿越整個上野公園來到寧靜住宅區的路程，途中還有許多有趣的風景，十分愜意。雖然隱藏在東京這樣的巷弄之中，「Hotel Graphy」卻帶有一種異國氛圍，讓人感覺輕鬆愜意，入住也已歐美旅客居多。1樓的大廳一邊是和式的休憩空間，讓國外旅客一來就能感受到日本的生活文化。另一邊則是旅店經營的咖啡廳兼酒吧，早上提供美味的早餐，玉子燒三明治的美味讓人難忘。晚上則變身酒吧，可以與各國旅客一起小酌一番。

寬敞時尚的公共空間媲美高級飯店，提供住客使用的廚房空

獨立房型住得舒適愜意

Hotel Graphy
東京都台東区池之端4-5-10

web http://www.hotel-graphy.com/
time check in 15：00 - 23：00
check out 10：00
咖啡廳 07：00 - 17：00
酒吧 17：00 - 23：00
tel 03-3828-7377

附設咖啡廳兼酒吧

間更像是料理教室一般，非常適合想要長住東京慢慢享受在地生活的旅人們。房型則分為附衛浴的套房房型與衛浴共用的房型，滿足各種生活習慣的需求。比起一般的連鎖商務旅館，房間的空間更寬敞，搭配上簡約的設計像俱就很有質感，可以在「Hotel Graphy」體驗另一種東京日常。

和式的休憩空間

玉子燒三明治象徵日本食文化的美味

寬敞具設計感的公用空間

大片落地窗營造無拘無束的住宿環境

沒有計劃地漫步神樂町

「UNPLAN Kagurazaka」

位在悠閒又帶著優雅氣息的「神樂坂站」，距離車站步行不到5分鐘距離的小巷裡，「UNPLAN Kagurazaka」正靜靜地座落於此。帶著輕鬆自由的氣息，簡單而寬敞的空間，歡迎著來自各地的旅人，展開沒有特別計劃的行程，漫步神樂町感受在地風情。以無國籍旅客間自由交流為發想，1樓的大廳經營著咖啡廳空間，入住的旅客從早上8點就能享用免費的早餐，精緻的自助吧檯卻有滿滿的溫暖。

旅店內提供4種房型，除了一般旅店的單人單床房型，也有個人獨立房型以及雙人房及家庭房，1樓與3樓分別有女性專用的單床位房型，像是一格一格的木箱一般，小小的空間意外地像個小房間一般，除了床鋪還有置物空間，讓旅客們能夠輕鬆地休息。曾在2016年日本商業環境設計大賞中拿下銀賞的「UNPLAN Kagurazaka」，其明亮清爽的氛圍，值得入住一晚感受自由的氛圍。

少見有附早餐的旅店

大廳的咖啡廳也歡迎非入住旅人前來

住宿空間簡約溫暖

夜晚則變身酒吧空間

UNPLAN Kagurazaka
東京都新宿区天神町23-1

web http://unplan.jp/

time check in 16：00 - 23：00 check out 11：00
咖啡廳、酒吧 週一～六08：00 - 23：00 / 週日08：00 - 19：00

tel 03-6457-5171

彷彿咖啡廳的店外觀

晴空塔下的日常風光

「TOKYO HUTTE」

「TOKYO HUTTE」看似不起眼的樸素存在，與下町老街給人的印象如出一轍，但其實這裡除了是一家旅店之外，更經營著共同工作室。1樓的兩側皆有入口，一邊是旅店的入口，一邊是工作室的入口，但其實都是互通的。從「押上站」沿著河堤走過來不到5分鐘的時間，十分方便。

1樓經營的咖啡廳空間兼營共同工作室，提供電源、網路、多功能事物機等設備，很適合來工作的旅人們。工業風帶著綠意的咖啡廳空間十分舒適，菜單種類也豐富美味，令人驚喜。

「TOKYO HUTTE」雖然不像其他旅店時尚有設計感，規模也比較小，但是很能感受老街的氣氛。位在2樓的有宿舍房型及和式的個室房型，打開窗戶就能

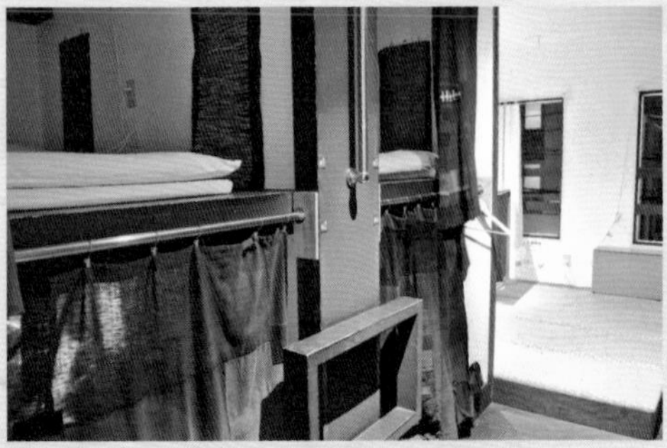
帶有下町風格的住宿空間

TOKYO HUTTE
東京都墨田区業平4-18-16

web http://www.tokyohutte.co.jp/
time check in 15：00 - 23：00
check out 09：00 - 11：00
咖啡廳、共同工作室 09：00 - 22：00
tel 03-5637-7628

1樓是咖啡廳兼共同工作室

感受街道即景。

3樓更有露天陽台，偌大的晴空塔矗立在面前，不管白天或晚上都能來到這裡欣賞美麗的晴空塔，霸占獨有的美麗角度。

晴空塔下的小巧旅店

早餐可選擇各種吐司搭配咖啡

10

特別篇

走進美術館的
童話世界

走進「宮崎駿」的動畫世界

相信很多人第一次來到東京，一定會前往「宮崎駿」大師的「吉卜力美術館」朝聖，探訪動畫大師在現實生活裡打造的童趣世界。

身為漫畫大國的日本，在很多地方都打造了漫畫大師的美術館及紀念館，像是位在神戶的《鉄腕アトム》（原子小金剛）作者「手塚治虫」的紀念館、位在鳥取縣的《名探偵コナン》（名偵探柯南）作者「青山剛昌」的故鄉館等等。

而在東京除了「吉卜力美術館」，可是還擁有許多大家耳熟能詳的童話、動畫美術館。下次不妨展開一場有別以往的美術館之旅吧。

與「哆啦A夢」去冒險

《瓦奇菲爾德》的奇異世界

每個人都有的童年記憶

「三鷹の森ジブリ美術館」

「吉卜力美術館」入口

不管在日本或台灣都深受大家喜愛的吉卜力動畫，從《龍貓》到《風之谷》、《神隱少女》、《霍爾的移動城堡》等等，相信大家都不陌生，位在「三鷹站」附近的「三鷹の森ジブリ美術館」（吉卜力美術館）也成為大家來到東京實現夢想的重要景點。從「吉祥寺站」出發，穿過風景美麗的井之頭公園，約15分鐘就能抵達。特別的是「吉卜力美術館」沒有販售現場票，一定要在前一個月的10號開始，事先從台灣旅行社或是官網上預約入場時段。進入「宮崎駿」童話世界的機會，只留給準備萬全的旅人們喔。

館內除了有「宮崎駿」的工作室場景及手稿，也有不定期更換的特色展，還有小動畫電影

館內餐廳一定要來嚐嚐

三鷹の森ジブリ美術館（吉卜力美術館）
東京都三鷹市下連雀1-1-83

web http://www.ghibli-museum.jp/

time 入場時段10：00、12：00、14：00、16：00（週二公休）

price 大人1000日圓 / 高、中學生700日圓 小學生400日圓 / 4歲以下幼兒免費

tel 0570-055777

龍貓充當售票員

可以觀賞，每次來都有不同的驚喜。館內雖然無法拍照，但到了戶外的空間就可以自由捕捉與機器兵的合照或是乘著飛行石的瞬間。餐廳提供與主題十分融合的精緻餐點，美味又可愛。在「吉卜力美術館」只要帶著赤子之心用心觀察，就能發現最多的驚喜喔！

在頂樓花園邂逅機器兵

輕食簡餐卻不簡單

異國風情裡獨特的世界觀

「星の王子さまミュージアム」

小王子博物館入口處

以深受全世界愛戴的法國童話名作《小王子》（Le Petit Prince，日本人稱為「星の王子さま」）與其作者「聖修伯里」（Saint-Exupéry）為主題的博物館，籌備了12年的時間，把故事書裡的世界於箱根山間的夢幻角落呈現出來，此博物館是為了紀念作者誕生１００周年而建的。

整個園區場景仿照法國街景打造，處處充滿著小王子世界的投影，比想像中更夢幻又真實。館內的收藏與展覽也十分豐富，除了打造作者的創作房間，與故事中各種場景的寓意，更收藏超過百種語言的小王子譯本，絕對能讓書迷大大滿足。

如果有時間的話，一定要在館內品嚐小王子世界的法國料理，然後帶回滿滿的周邊商品，完成一場一百分的童話世界之旅。

館內宛如復古的歐洲街頭

每個展館都精心設計

小王子正等待著你

星の王子さまミュージアム
（小王子博物館）
神奈川県足柄下郡箱根町仙石原909

web http://www.tbs.co.jp/l-prince/

time 09：00 - 18：00，最後入園時間17：00
（每月的第二個週三公休）

price 大人當日券1600日圓、預售票1400日圓 /
大學生、高中生1100日圓 / 中、小學生700日圓

tel 0460-86-3700

每一個角落都重現了故事的場景

河口湖旁的浪漫空間

隱藏版貓咪童話景點

「河口湖木ノ花美術館」

眼睛大大充滿神祕感的達洋貓，夢幻的風格一開始還以為是歐洲藝術家的作品，沒想到他竟然是日本藝術家「池田晶子」所創作的作品。這個不可思議的童話世界《瓦奇菲爾德》（Wachifield）竟然有真實版。在河口湖附近有一家名為「河口湖木ノ花美術館」（河口湖木之花美術館），是以貓咪達洋以及「池田晶子」的創作世界為主題的美術館，展示著達洋貓的原畫作品，亦是愛貓人士不可錯過的美術館。而其附設的餐飲咖啡廳使用自家栽種的草莓，相當有人氣。每年會在美術館舉辦多次的音樂會，在藝術、食物和音樂的融合下，享受一番童話世界般的時光。

入口處達洋正等著你光臨

童話村的場景

富士山與河口湖旁的童話世界

你找到達洋了嗎？

河口湖木ノ花美術館（河口湖木之花美術館）
山梨県南都留郡富士河口湖町河口3026-1

web http://www.konohana-muse.com/

time 3～11月09：00 - 17：00

12～2月10：00 - 16：00（無休）

price 一般500日圓 / 高、中學生400日圓 / 小學生300日圓

tel 0555-76-6789

寬闊的博物館空間

老少咸宜的人氣漫畫《哆啦A夢》

「藤子・F・不二雄ミュージアム」

2011年於藤子大師長年居住的川崎市多摩區，「藤子・F・不二雄ミュージアム」（藤子・F・不二雄博物館）開幕了，成為繼「吉卜力美術館」之後讓漫畫迷們趨之若鶩的人氣博物館。從小田急線、JR南武線的「登戸站」搭乘川崎市巴士經營的接駁車約10分鐘的路程，而可愛的漫畫角色在意想不到之中悄悄現身，從接駁車上就已進入藤子不二雄的世界。

「藤子・F・不二雄博物館」分為室內與室外的空間，進入入口後的1樓區域，有展示著《ドラえもん》（哆啦A夢）、《キテレツ大百科》（奇天烈大百科）等珍貴原畫的「展示室I」，以及重現「藤子・F・不二雄」大師工作室的「大師的房間」，展示著從住家運來的大師愛用桌子，以及數量龐大的藏書、資料本、收藏品。走到2樓外部庭園，有漫畫裡出現的「樵夫之泉」，可以看到難得一見的帥氣胖虎喔。3樓的戶外空間則有任意門、水管公園的場景。

最讓人驚豔的就是主題餐廳裡各式以漫畫角色為發想的料理，可愛到捨不得吃下肚。博物館採用指定日期時間的完全預約制，現場並不售票，所以一定要事先買好票。從每月30日起開始銷售2個月後的門票，門票只在日本全國LAWSON便利商店販賣。

來到《哆啦A夢》最常出現的公園場景

館內有成套的漫畫供閱讀

餐廳裡的餐點好夢幻

藤子・F・不二雄ミュージアム
（藤子・F・不二雄博物館）

神奈川県川崎市多摩区長尾2-8-1

web http://fujiko-museum.com/

time 10：00 - 18：00（週二公休）

price 大人1000日圓 / 高 、中學生700日圓
4歲以上兒童500日圓

tel 0570-055-245

11 特別篇

這一天，乘著電車去旅行

復古的路面電車

江之電內的車廂風光

在日本旅行，電車對我來說是一個很特別的存在。東京的地鐵非常發達，從都營地下鐵、東京Metro到都電荒川線等等，各種路線密密麻麻，搭乘起來非常有挑戰性。因為日本的地鐵交通發展得早，因此有歷史悠久的路線，也有新建的路線，而每一條路線的電車都有屬於自己的特色，每一條都彷彿訴說著東京的歷史故事。柴郡貓特別喜歡買一日券當個一日電車迷，就來跟大家分享東京的特色電車體驗之旅吧！

復古的配色是江之電的特色

乘著江之電一日遊

「江ノ島電鉄線」（江之島電鐵線），簡稱「江之電」，是一條由「藤澤站」作為起點、沿著湘南海岸一路到終點「鎌倉站」的鐵路，也是許多人來到江之島及鎌倉旅遊的最佳交通路線。從１９０２年開始運行的「江之電」，已經有超過１００年的歷史了，總共有15個車站，每個站都值得細細品味。隨著電車在路面上疾駛，穿過熱鬧的海邊，走進古樸的鎌倉，如此美好的風景，承載著旅人無數的回憶。初夏開始越見熱鬧，從5、6月的紫陽花季，到7、8月的花火大會，深深吸引嚮往夏日祭典的旅人之心。

江之電的一日券「のりおりくん」

來到這裡，電車本身也成了重要的景點，綠色搭配淡黃色的車廂延續一直以來的風格，帶著濃濃的復古氛圍，隨著電車駛入不同的景色，都美得像明信片一般，也成了鐵道迷們流連忘返的風景。江之電的一日券「のりおりくん」（乘降君）（600日圓）可以在當日內不限次數搭乘，更包含了許多景點設施的優惠，讓我們一起當個聰明又悠閒的旅人，展開一日的湘南海岸之旅。

江之電網站

web http://www.enoden.co.jp/

江之電路線中唯一的山洞

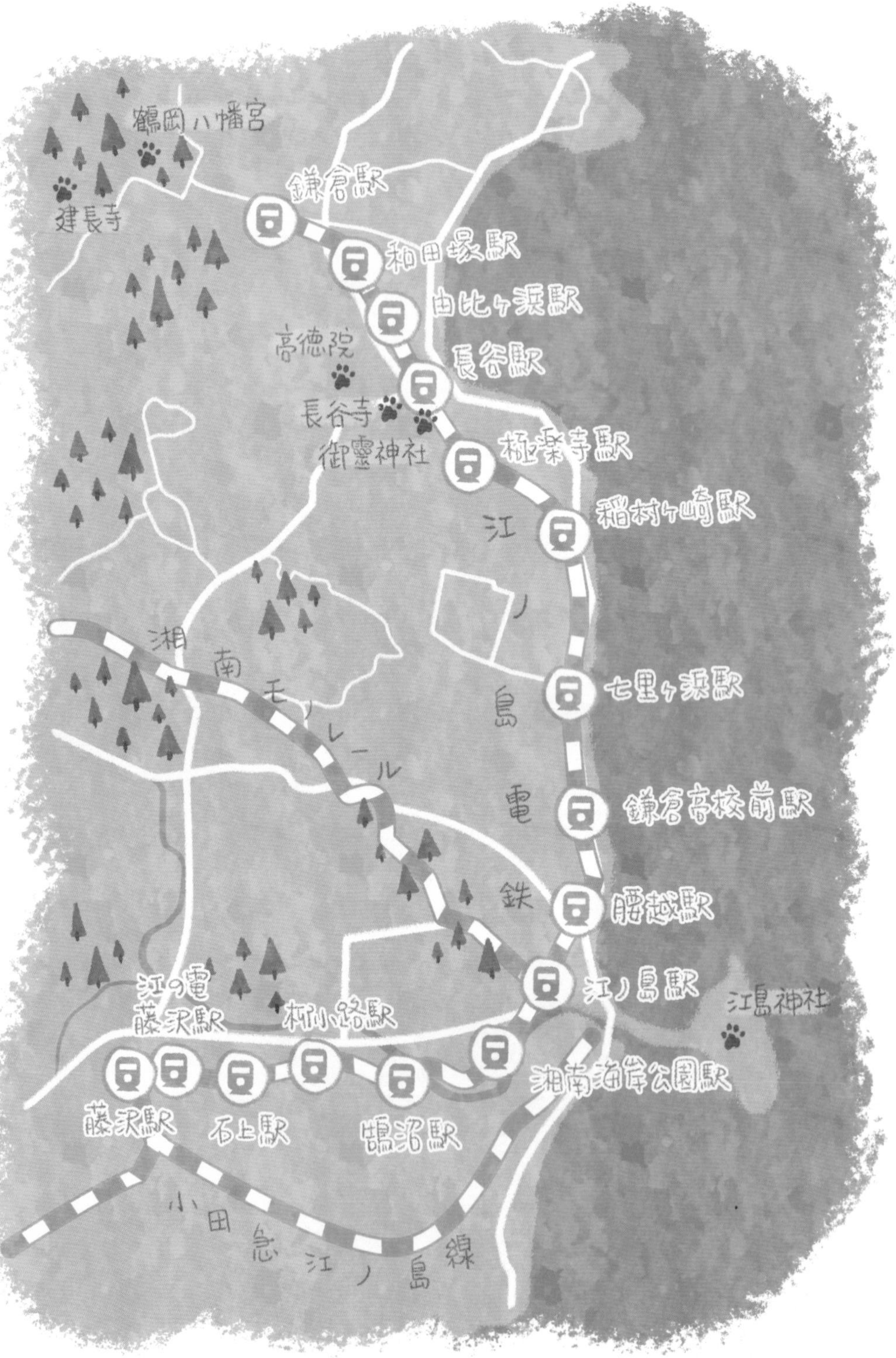
鶴岡八幡宮
建長寺
鎌倉駅
和田塚駅
由比ヶ浜駅
高徳院
長谷駅
長谷寺
御霊神社
極楽寺駅
稲村ヶ崎駅
江ノ島電鉄
七里ヶ浜駅
鎌倉高校前駅
腰越駅
江ノ島駅
江島神社
湘南モノレール
江ノ電
藤沢駅
柳小路駅
湘南海岸公園駅
藤沢駅
石上駅
鵠沼駅
小田急江ノ島線

江ノ島駅

江之電的「江ノ島駅」（江之島站）與小田急電鐵江之島線的「片瀨江ノ島駅」（片瀨江之島站）比鄰，來到這裡的目標非「江之島」莫屬。身為湘南的代表景點，也是神奈川縣指定史跡名勝及日本百景之一的「江之島」是一座小巧的陸連島，島上有歷史悠久的「江島神社」，供奉著稱為江島大神的三女神，更供奉最具代表的三大弁財天之

「江島神社」的入口

「江之島站」前受大家照顧的麻雀銅像

一──「妙音弁財天」，是掌管才藝、音樂、智慧之神。

跨過弁天橋之後就來到熱鬧的「江島神社」表參道，店家林立，熱鬧不已。拾階而上，「江島神社」映入眼簾。「江島神社」沿著山坡的地形建造，境內能夠登高遠眺海景，欣賞「江之島展望燈塔」的美麗，也能靠近沿岸感受海岸的熱情。走累了找一間店休息一下，品嚐在地名產吻仔魚丼飯，徹底感受江之島的魅力。

江島神社
神奈川県藤沢市江の島2-3-8

web http://enoshimajinja.or.jp/
time 08：30 - 17：00
price 免費
tel 0466-22-4020

「江島神社」去除厄運的茅之輪

日本三大弁財天之一的「妙音弁財天」

「江之島展望燈塔」

江之島名物吻仔魚丼

宛如龍宮的「片瀨江之島站」

美麗的江之島海岸

歷史悠久的「夫婦饅頭」和菓子店

長谷駅

「長谷駅」（長谷站）也是江之電沿線上十分有人氣的一站，因為經典的鎌倉大佛就在這一站的「高德院」內，而每到夏天的紫陽花季，更有許多人為了欣賞美麗的紫陽花來到這裡拜訪「長谷寺」，還有能夠拍到江之電駛過神社的經典場景「御靈神社」。除了必訪的寺廟外，「長谷寺」周邊還有不少隱身在小巷內的老屋咖啡、老店甜點，還有看得見海景的餐廳，日劇《最後から二番目の恋》（倒數第二次戀愛）、電影《海街日記》更以此為主要場景，吸引許多人前來朝聖。

「鎌倉大仏高德院」（高德院）擁有日本最著名的佛像之

彷彿明信片場景的「御靈神社」

「高德院」入口的大異山門

別忘了跟大佛合照囉！

隨時捕捉江之電的美麗身影

一──「鎌倉大佛」，高達11．3公尺的阿彌陀佛青銅塑像，逃過室町時代的大海嘯襲擊而保留下來，已有超過８００年的歷史，在日本人民心中有相當重要的地位。距離車站步行約10分鐘的時間，一邊散步一邊欣賞沿途帶有時代感的商店街，別有一番風味。「高德院」境內不大，主要圍繞著大佛為中心。大家都說

鎌倉大仏高徳院（高德院）
神奈川県鎌倉市長谷4-2-28

web http://www.kotoku-in.jp/
time 4月～9月　08：00 - 17：30
10月～3月 08：00 - 17：00
price 一般200日圓 / 小學生150日圓
tel 0467-22-0703

沒來看過鎌倉大佛別說你來過鎌倉，記得跟大佛來張合照才行。

回程繞道「長谷寺」，因為一年四季都會被不同的花所簇擁，又被稱為花之寺。最受到大家歡迎的就是每年6月下旬的紫陽花季，在寺廟內不僅可以欣賞到種類不同、顏色繽紛的紫陽花整片綻放，連寺內的御守都設計成活潑可愛的草莓、西瓜、金魚等造型，讓人愛不釋手。

主殿的觀音堂

「長谷寺」富有禪意的風景

相鄰的「長谷站」與
「極樂寺站」氛圍清幽

有如電影《海街日記》裡的風景

長谷寺
神奈川県鎌倉市長谷3-11-2

web http://www.hasedera.jp/
time 3月～9月　08：00 - 17：00
10月～2月 08：00 - 16：30
price 一般300日圓 / 小學生100日圓
tel 0467-22-6300

御靈神社
神奈川県鎌倉市坂ノ下4-9

web http://www.kotoku-in.jp/
time 09：00 - 17：00
price 免費
tel 0467-22-3251

古色古香的鎌倉車站

鎌倉駅

作為江之電的終點站，「鎌倉駅」（鎌倉站）可說是最具代表的風景，車站前熱鬧的「鶴岡八幡宮」表參道總是聚集著滿滿的人潮。由大大的紅色鳥居作為開端，長長的表參道沿路有各式各樣的在地名產店與美食，邊走邊逛，眼花繚亂，不知不覺時間就過去了，來到第二個鳥居就代表抵達「鶴岡八幡宮」的入口。沿著山坡建造的寺院寬廣壯觀，在１０６３年建造，後來在１１８０年由鎌倉幕府的建立者兼第一位將軍「源賴朝」擴建，並搬遷至現址。現在是鎌倉地區最重要的神社，也是日本全國最多人拜訪的神社。

「鶴岡八幡宮」前的表參道商店街

到了第二個鳥居就代表「鶴岡八幡宮」快到了

「鶴岡八幡宮」人潮熱鬧不已

鶴岡八幡宮
神奈川県鎌倉市雪ノ下2-1-31

web http://www.hachimangu.or.jp/
time 4月～9月　05：00 - 21：00
10月～3月 06：00 - 21：00
price 免費
tel 0467-22-0315

建立於1253年的「建長寺」，是日本第一座正宗的禪宗專門道場，被排序在代表禪宗寺院寺格的「鎌倉五山」中的第一位，具有崇高的地位，也是日本東部最大的木造寺廟。第一座建築物是佛殿，供奉了歷史悠久的木造地藏菩薩的雕像。在佛殿後是法堂，古色古香的境內讓人心靈寧靜，後方的方丈庭園是由禪宗大師夢想國師設計的花園，適合坐下來細細感受在鎌倉的禪之意境。

「建長寺」的入場門票

飽富禪意的日式庭園

歷史悠久的木造地藏菩薩

日本東部的最大木造寺廟

建長寺
神奈川県鎌倉市山ノ内8

web http://www.kenchoji.com/
time 08：30 - 16：30
price 300日圓
tel 0467-22-0981

鎌倉高校前駅

在江之電的沿線風景其實都十分具有湘南海岸悠閒的氣息，其中有一站意外爆紅，不是因為有什麼厲害的餐廳或是經典的寺院神社，而是這個場景是所有人青春回憶裡的經典，就是「鎌倉高校前駅」（鎌倉高校前站）。

在「鎌倉高校前站」旁的平交道，正是經典動漫《スラムダンク》（灌籃高手）裡晴子與櫻木花道相遇的場景，讓所有擁有這段共同記憶的旅人們，聚集於此只為拍下電車駛過的邂逅，好不浪漫。

湘南海岸的代表景色

《灌籃高手》中的重要平交道場景

只有一節車廂的荒川線電車

乘著都電荒川線一日遊

「都電荒川線」是東京目前少數的路面電車，從荒川區的「三ノ輪駅」（三之輪站）到新宿的「早稲田駅」（早稲田站），全長約12公里的距離，共計約50分鐘的車程。荒川線保留了許多古老的電車文化，像是發車時發出會叮叮叮的鈴聲、沿線都是無站務人員的車站、僅一節車廂、須跟列車員購票等等畫面，都是東京下町才有的風景。「都電荒川線一日券」只要400日圓，可以一日之內在荒川線的區間無限次乘坐，只要搭乘3次就能回本。因為是路面電車，行駛速度較慢，站與站之間也相隔較短，在電車裡就能夠欣賞沿途老東京的風景，而這樣的風景連日本名作家「村上春樹」都記憶深刻地寫在書裡，帶有淡淡的懷舊氣味。現在就一起搭上荒川線，來趟念舊的路面電車一日遊吧！

路面電車是老東京的象徵

車廂內滿滿的懷舊氛圍

走在荒川線的日常風景

一日券設計也十分復古

都電荒川線

web http://www.kotsu.metro.tokyo.jp/toden/

鬼子母神前駅

這一站以知名的「鬼子母神堂」命名，而這是保佑孕婦、孩子的神社，是祭拜安產神明的古老寺廟，也被認證為國家指定重要文化財。相傳鬼子母本來是餓鬼，為了養活自己的５００個孩子，所以在人間殺害別人的嬰孩作為食物，後來佛祖把她的小孩藏起來，讓她將心比心之後感化了她，這樣的傳說讓鬼子母神社更增添了不少想像。

前往神社的路上會經過一條短短的綠蔭表參道，寧靜樸實，彷彿真正走進了日本的日常生活之中。境內雖小但十分別緻，每月更會舉辦「雜司ヶ谷手創り市」（雜司之谷手創市集），聚

「鬼子母神堂」主殿

神社內復古的柑仔店

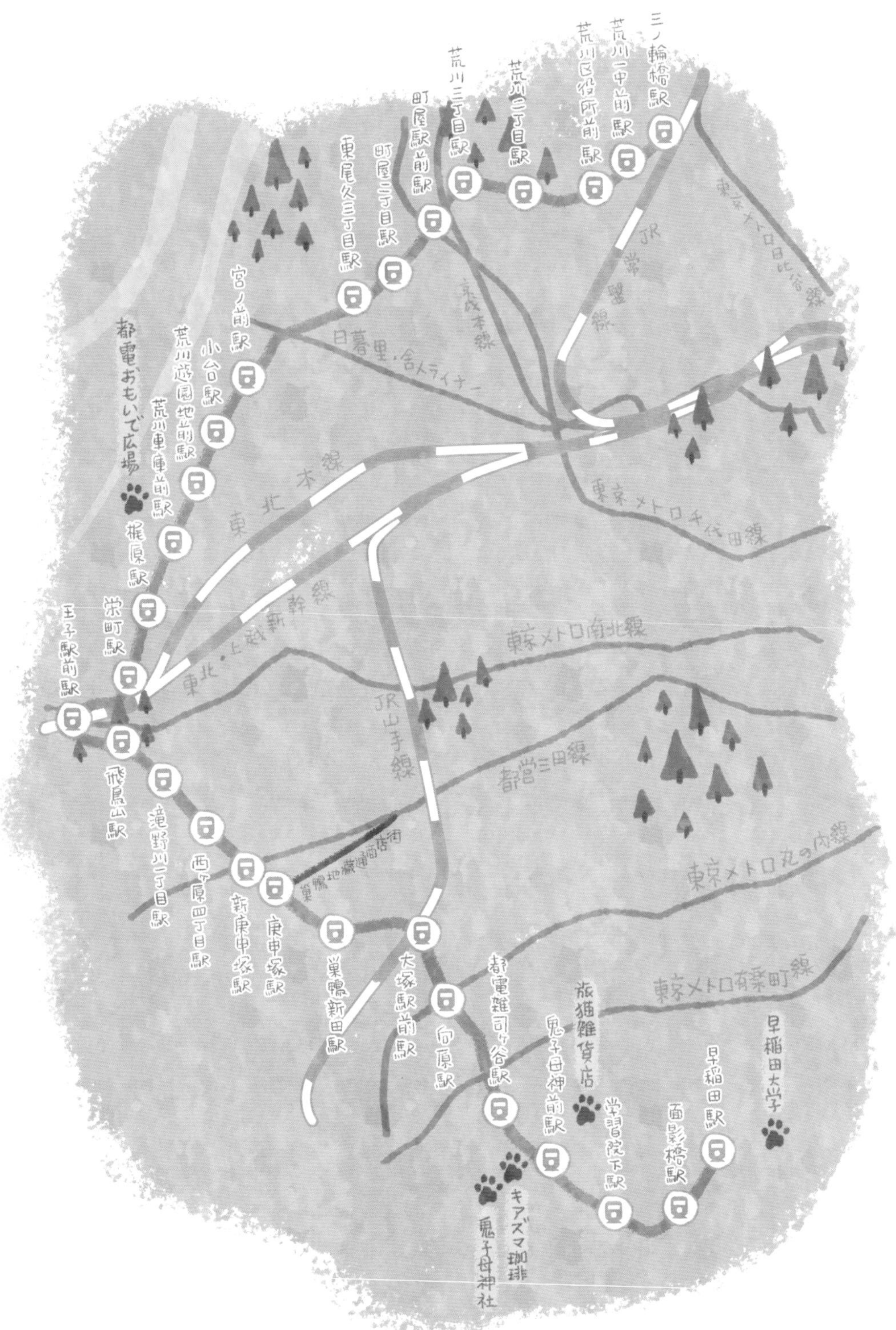
三ノ輪橋駅
荒川一中前駅
荒川区役所前駅
荒川二丁目駅
荒川三丁目駅
町屋駅前駅
町屋二丁目駅
東尾久三丁目駅
宮ノ前駅
小台駅
荒川遊園地前駅
荒川車庫前駅
梶原駅
栄町駅
王子駅前駅
飛鳥山駅
滝野川一丁目駅
西ヶ原四丁目駅
新庚申塚駅
庚申塚駅
巣鴨新田駅
大塚駅前駅
向原駅
都電雑司ヶ谷駅
鬼子母神前駅
学習院下駅
面影橋駅
早稲田駅
都電おもいで広場
JR常磐線
東京メトロ日比谷線
京成本線
日暮里・舎人ライナー
東北本線
東京メトロ千代田線
東北・上越新幹線
東京メトロ南北線
JR山手線
都営三田線
巣鴨地蔵通商店街
東京メトロ丸の内線
東京メトロ有楽町線
旅猫雑貨店
早稲田大学
キアズマ珈琲
鬼子母神社

鬼子母神堂的千鳥居

集上百個攤位，結合創新與傳統的氛圍，是現在喜愛手作質感的年輕人之間人氣度正夯的手作市集。

沿途也可以逛逛在地的精緻小店，像是在「鬼子母神堂」林蔭大道旁的「キアズマ珈琲」（kiazuma），低調安靜的咖啡廳，由氣質老闆負責所有餐點，在神社參拜完，然後來到這裡點一杯咖啡搭配甜點，坐下來感受在地風情，是來到「鬼子母神前駅」（鬼子母神前站）的定番行程。另外也可以到「旅貓雜貨店」逛逛，發現日本傳統飾品與鄉土玩具，當作這趟懷舊之旅的紀念品。

「鬼子母神堂」前的表參道林蔭

「雜司之谷手創市集」是可遇不可求的朝聖景點

充滿文藝氣息的市集逛起來好舒服

鬼子母神堂　　東京都豊島区雑司が谷3-15-20

web http://www.kishimojin.jp/

time 06：30 - 17：00

price 免費

tel 03-3982-8347

「旅猫雜貨店」感受日本傳統雜貨

「kiazuma」咖啡廳裡散發優雅的氣質

好多鄉土玩具十分有趣

旅猫雑貨店
東京都豊島区雑司が谷2-22-17

web http://www.tabineko.jp/

time 平日12：00 - 19：00
假日11：00 - 18：00（週一公休）

tel 03-6907-7715

キアズマ珈琲（kiazuma）
東京都豊島区雑司が谷3-19-5

web http://www.facebook.com/kiazuma/

time 10：30 - 19：00（週三公休）

tel 03-3984-2045

「大隈講堂」已成為「早稲田大學」的象徵

早稲田駅

在「早稲田駅」（早稲田站）下車可以來到日本的私立名校「早稲田大學」，自由隨性的洋式學風，形成早稲田以鄰為友的平民風格，可逛逛校園感受日本大學的氣氛與滿滿的文學氣息。時間方便的話，也可以在學生食堂用餐，體驗當個日本大學生的感覺。早稲田最有名的就是以早稲田大學創校者「大隈重信」名字命名的「大隈庭園」以及「大隈講堂」，具有特色的高塔設計，也使「大隈講堂」成為早稲田大學的地標。「大隈庭園」位於講堂旁，除了學生社團會在此活動，也是遊客賞楓、賞櫻和野餐的好去處。

校園景致優美愜意

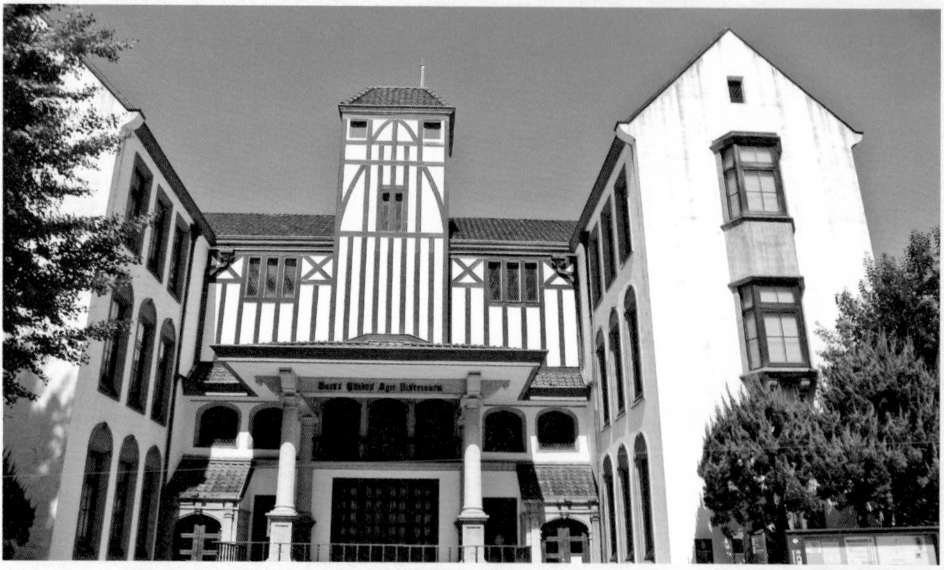

許多洋風建築展現校園特色

早稻田大学（早稻田大學）
東京都新宿区戸塚町1-104

web http://www.waseda.jp/

懷舊的「巣鴨地蔵通商店街」

庚申塚駅

在「庚申塚駅」（庚申塚站）最有名的，就是號稱「老人的原宿」的「巣鴨地蔵通り商店街」（巣鴨地藏通商店街）了！有間供奉地藏菩薩的「高岩寺」，相傳招福與消災非常靈驗，因而從寺廟的周圍延伸所形成的商店街，全長約有８００公尺２００多間小店家聚集。

賣的大部分都是年長者取向的服飾，但也有很多復古咖啡廳，若是想體驗銀髮族之間的流行，不妨來走走晃晃，還可買條號稱巣鴨必買的「開運紅內褲」當作難得的紀念。

「巣鴨猿田彦庚申堂」

巣鴨地蔵通り商店街
（巣鴨地藏通商店街）
東京都豊島区巣鴨4-22-8

web http://sugamo.or.jp/

「荒川車庫前」的車輛調度

荒川車庫前駅

所有荒川線的電車都會聚集到此維修保養，因此「荒川車庫前駅」（荒川車庫前站）成了鐵道迷最喜愛的場所，來來去去的各式車輛讓人不停地按下快門！

而旁邊還有一處只在國定假日才開放的「都電おもいで広場」（都電回憶廣場），展示著昔日都電全盛時期的兩輛名車，白色標有銀座的這台，可是日本昭和30年代中奔馳的代表，也讓旅人能更加了解荒川線相關的歷史故事。

「都電回憶廣場」展示老舊車輛

都電おもいで広場（都電回憶廣場）

web http://www.kotsu.metro.tokyo.jp/toden/kanren/omoide.html

Track 02.

夏が来た

詞曲：柴郡貓 Cheshire Cat

夏が来た　どうしようかな
夏が来た　どうしようかな

江の島線に乗って　湘南海岸へ
かき氷を食べて　涼しくなるわ

ビキニを着て　紫外線対策 忘れないで
日焼けしちゃった　いけないいよ

江の島線に乗って　湘南海岸へ
かき氷を食べて　涼しくなるわ

ビキニを着て　紫外線対策 忘れないで
日焼けしちゃった　いけないいよ

夏が来た　そうしようかな
夏が来た　そうしましょう

中譯

夏天來了

詞曲：柴郡貓 Cheshire Cat

夏天來了　該怎麼辦才好
夏天來了　該怎麼辦才好

乘著江之島線往湘南海岸出發
吃了剉冰變得好涼爽呀

穿上比基尼　別忘了做好防曬準備
不小心曬黑可就不好了

乘著江之島線往湘南海岸出發
吃了剉冰變得好涼爽呀

穿上比基尼　別忘了做好防曬準備
不小心曬黑可就不好了

夏天來了　就這麼做吧
夏天來了　一起這麼做吧

後記

感謝瑞蘭國際出版的賞識，找柴郡貓寫書，讓我曾經出發的旅程、走過的足跡能夠整理成冊，有了與大家分享的機會。感謝每每在東京旅途上總是給與許多協助的日本好朋友あやかさん、愛旅行好朋友慧瑜、總是記錄柴郡貓在東京演出的文青攝影師尚芸、製作「走在東京的日常風景」ＭＶ的順駿、在音樂及夢想的路上百分百支持的谷淳、放手讓我追逐夢想、過著喜歡的生活的家人、一路上關注支持著柴郡貓的歌迷朋友。最後感謝我的音樂，總是帶領著我走出意想不到的音樂旅人之路，希望也能帶領著大家看見聽見更多的美麗風景。

國家圖書館出版品預行編目資料

東京，慢慢熟。/ 柴郡貓著
-- 初版 -- 臺北市：瑞蘭國際, 2018.10
224面；17 × 23公分 --（PLAY達人系列；11）
ISBN：978-986-96830-2-9（平裝附光碟片）
1. 旅遊 2. 日本東京都
731.72609 107014377

PLAY達人系列 11

東京，慢慢熟。

作者｜柴郡貓 Cheshire Cat
責任編輯｜葉仲芸
校對｜楊嘉怡、葉仲芸

錄音｜柴郡貓 Cheshire Cat
錄音室｜Good Meowing Studio
封面設計、版型設計、內文排版｜方皓承
封面攝影｜李尚芸（末楽 To Heart）
美術插畫｜墨納（Mona Draw Something）

董事長｜張暖彗．社長兼總編輯｜王愿琦

編輯部
副總編輯｜葉仲芸．副主編｜潘治婷．文字編輯｜林珊玉、鄧元婷
特約文字編輯｜楊嘉怡
設計部主任｜余佳憓．美術編輯｜陳如琪

業務部
副理｜楊米琪．組長｜林湲洵．專員｜張毓庭

法律顧問｜海灣國際法律事務所　呂錦峯律師

出版社｜瑞蘭國際有限公司．地址｜台北市大安區安和路一段104號7樓之一
電話｜(02)2700-4625．傳真｜(02)2700-4622．訂購專線｜(02)2700-4625
劃撥帳號｜19914152 瑞蘭國際有限公司
瑞蘭國際網路書城｜www.genki-japan.com.tw

總經銷｜聯合發行股份有限公司．電話｜(02)2917-8022、2917-8042
傳真｜(02)2915-6275、2915-7212．印刷｜科億印刷股份有限公司
出版日期｜2018年10月初版1刷．定價｜380元．ISBN｜978-986-96830-2-9

瑞蘭國際